3・11から10年とコロナ禍の今、ポスト原発を読む

元衆議院議員
吉井 英勝
Yoshii Hidekatu

あけび書房

まえがき

　私が生まれて初めて原爆とは異なる「原子力」に触れたのは、中学1年生の3学期、1956年2月1日から3月4日まで京都市美術館で、「原子力平和利用博覧会」が開かれた時です。ここで原子炉の概説や、放射能測定の体験、未来のエネルギーの話などを聞いて、子ども心に「原子力」というものへの関心を深める契機となりました。

　やがて進学の時期を迎えて、医者になるか、弁護士になるか、物理学者への道を考えるかなどと迷った末に、理論物理と機械工学と電気工学などの境界辺りにある原子核工学科へ進むことにしました。ですから、核兵器に対する憎悪を持っている心情とは別に、原子核に関わるエネルギーの利用や放射線遮蔽と終末処理をどうするかなどの問題を突き詰めて考えることもなく、「博覧会」で「洗脳」され、「原子力の平和な利用」を夢見て進学を考えました。

　こうして10代の終わりに原子物理や原子核工学を学ぶ道を選択し、卒業後しばらく民間企業のものづくり現場で「技術」というものをかじりだし、それが十分身につかないまま、国会や地方議会で、「原発や化学工場の災害から住民の安全をどのように守るか」という、「行政課題」「政治問題」に取り組むことになりました。それからおよそ半世紀が経ちました。直面する問題の解決と、将来につながる解決の道筋をどのように拓いていくのか、一つひとつの事故や災害の現場で何が本当の原因なのかということに向き合いながら考え続けてきました。

世界の三大原発事故の一つである東京電力福島第一原発事故の前に、TMI事故（1979年、米スリーマイル島原発事故、冷却材喪失による）、チェルノブイリ原発事故（1986年、原子炉停止作業中に核暴走事故で爆発）を経験していました。

それまで私は国内各地の石油化学工場の石油タンクやプラントの爆発・火災による「コンビナート災害・防災」に取り組んでいましたが、国会で仕事をするようになったのがチェルノブイリ事故の後だったこともあり、本格的に原発問題に取り組むようになりました。「日本の老朽化の進む原発が、巨大な地震や津波、カルデラ噴火に直面した時に、地域の住民の命や安全は守られるのか」―長い間、私が持ち続けてきた問題意識でした。

「災害が起こればまず現場に飛び込んで実態を調べる」が、コンビナート防災に取り組んだ時からの、初めの一歩でした。

2020年から、そこへ新型コロナウイルスの世界的大流行が始まりました。

私の世界史の記憶では、1300年代前半の約20年間ほど、軍事力では中国からヨーロッパ（ハンガリーのあたり）までを支配下において「モンゴル大帝国」が作られた時ですが、中東地域で始まったペストによる感染が、東の中国から西のヨーロッパにまで広がり、疫病の大流行でモンゴル帝国の勢いが削がれていきました。ペストは、ヨーロッパで広がった感染がアフリカ大陸にも広がりました。当時のモンゴル勢力は家畜を引き連れてラクダで移動し、他民族との交流や商業活動に使われたものと言えば、ラクダのほかには帆船や馬車などの時代ですから、感染拡大のスピードはまだゆっくりで、ペストの拡大も20年ほどかかって当時の「全世界」へ広がりました。それでも当時の世界人口約4億5000万人のうち1億人が犠牲になったと見られています。

今は航空機と高速列車や高速自動車で移動しますから、感染の拡大は「瞬時に広がる」と言えるものです。この結果、2019年末に中国で発生した新型コロナウイルスの感染が、1年もたたない間に全世界に広がり、2021年1月半ばで感染者は9400万人以上、亡くなった方が200万人を超えています。

核と新型コロナウイルスを考える時、人類が直面する最大のリスクの一つは、世界の大国の核兵器の危うさです。核ミサイル攻撃部隊内でウイルスの感染が急速に広がると、感染者となった兵士らの操る核の暴走は制御されるのか、異常事態が発生することにならないのか分かりません。原子力航空母艦や原子力潜水艦のような元々居住空間がコンパクトに作られた艦船に多数の兵士が乗り込んで「三密」状態で過ごすわけですから、感染が発生した時には事態はもっと深刻になります。現に、フランスの「シャルルドゴール」やアメリカの「ルーズベルト」などの核艦船で乗員の3～4割の感染者が生まれたことが報告されました。民間の客船「ダイアモンドプリンセス」では、横浜港着岸から2020年3月1日の下船できるまでの約1か月間に感染者712人、死者13人が発生する惨事となりました。この例を見ても、核兵器禁止とともに、核艦船と核攻撃機の接岸や離発着する地域のコロナ感染の危険な事態に備えることも重要です。

あの福島原発事故が発生した時期と新型コロナウイルスのパンデミックが重なった場合には、原子炉の運転操作の指揮監督を行う現場の所長以下、制御にあたる人たちの多くが感染していると、原子炉が暴走し始める段階で何も手を打つことなく「制御不能」になります。

福島原発事故から10年たった今も、なぜ未然に原発事故を防げなかったのか、これからのエネルギーをどのように考えるか、このことがずっと私の人生のテーマのひとつになると思っています。その際、仙台高等裁判所での審理と判決のなかで示された、原発事故が発生するに至る「予見可能性」と、その結果、引き起こされる事故を防ぐための「シビアアクシデント対策」を怠っていたことについて、被告である国と東京電力の責任を問うことは当然です。

原因と責任を追及してきた私は、エネルギーと地域経済・社会について深く考え、論理的に解きほぐし、現実的な将来への道筋というものを考えていきたいと思っています。

私たちはそういう核とコロナの時代に立って、核兵器の禁止と、原発に頼らないエネルギーの確保、都市への人口集中を促進した都市政策を改めて、エネルギーや経済のリスク分散型の国土政策を実現していかなければならないと思います。

2018年9月6日に、マグニチュード（M）6・7、震度7、最大加速度1505ガル（気象庁発表）の北海道胆振東部地震が発生して、北海道全域で長期間の停電が起こりました。不思議だったのは、電力自給率100％の稚内市が「全道停電」に付き合わされたことです。

北海道電力の管轄する範囲で急速な需給ギャップが生まれ、それが周波数の低下をもたらし、そのために、風力発電も停止することになりました。例外的に支笏湖周辺の限られた地域だけは、もともと王子製紙の水力発電所（3万7000kW）から電気の供給を受けていた地域だったので、このSBO（ステーション・ブラック・アウト）から免れました。製紙業が盛んだった時代に作られて、今も工場用電力を賄いながら一定割合の電力を地域に供給してきた水力発電所が、北海道全停電のなかでもこの地域の電力供給を引き受けていました。これは特定電力会社の独占・集中型エネルギー支配から、地域分散・リスクヘッジ型のエネルギー供給システムへ、電力供給構造の在り方の転換を示しているのではないでしょうか。

一方で、稚内市のように風力発電や太陽光発電の再生可能エネルギーの立派な施設群ができて、市内の電力自給率が100％になっていても、それが全部一度は北海道電力に送られ、北電の供給計画や周波数調整などの仕組みに乗せられている限り、全道ブラックアウトに付き合うことになります。エネルギーの地域分散と多様な再生可能エネルギーの組み合わせで安定供給に道を開く地域政策が必要になります。このことがエネルギーでも地域経済でも危機を回避して、持続可能な発展に繋がります。

※本文中の国会議事録などの公文書、裁判準備書面などは、若干の要約や表記の変更をしております。

3・11から10年とコロナ禍の今、ポスト原発を読む　●目次

第Ⅱ部　国会と司法での「原発安全神話」との闘い

第Ⅳ部　コロナ禍以後の脱原発・リスク分散社会へ

第Ⅰ部

自然現象の大震災と人災の原発事故

第1章　福島第一原発事故は防げなかったのか

近頃の地球の「大変動」の予兆のように感じられる現象に、気分が重く鬱陶しくなります。地球温暖化により氷床が解けだして、何千万年・何億年前に生息していた生物や生命体の凍結保存状態にあったものが地上に再び現れて、「新種のウイルス」として発見されたり、「DNAを採取してマンモスを復活させよう」という試みが行われたりしています。氷河期以前の太古の地球環境と生物や生命体の「進化」の道筋を調べることができるようになったのかもしれませんが、大事なことは地球史的規模での異常事態に直面していることだと思います。

1　地球史的規模の自然現象

そのなかで、「自然現象と自然災害」を考えることも大事です。2007年7月16日の東京電力柏崎刈羽原発が新潟県中越沖地震（M6・8、震度6強）で、解放基盤表面で1699ガルが測定され、個々のデータを見ると観測された記録は、耐震設計時の基準加速度を上回っていました。3号機タービン建屋1階で2058ガル（想定834ガル）、地下3階で581ガル（想定239ガル）、3号機原子炉建屋基礎で384ガル（想定193ガル）など、想定していた値をはるかに超える地震の力を観測し、約3500か所を超える原子炉建屋や機器の火災や損傷を受けました。

同原発構内に調査に入った時、所長から「今回の地震は想定外のものでした」と聞かされました。2011年3月11日の東電福島第一原発事故の時にも、国会に招致された清水正孝社長は、「今回の原発事故は想定外の津波によるものでした」と述べました。

被害が顕在化すると、「想定外」という言葉が躍ります。本当に「想定外」だったのか、想定する必要を知りながら「想定しなかった」り、「想定することから逃げ」ていたのか、よく見ていくことが大事です。

いずれにしても、地球史的に見れば、巨大な地震、津波、カルデラ噴火、暴風雨や異常な豪雪などは「自然現象」で普通の出来事です。これが地理的状況からして、被害が想定されるところでは、それに応じた災害想定から危機を回避する街づくりや、あらかじめ一定の災害に遭うことを想定して、その場合でも災害から免れた産業を復活させる道を考えた防災計画が必要になるかもしれません。よく使われる「自然災害」という言葉が適切なのか吟味が必要です。

「自然現象」に対応する人の営みや社会の防災の取り組みがなければ、大きな被害を受けて、人の耐えられる限界を超え、「自然災害」と呼ばれる事態にまで至ります。

これまで原発の直面する危機と言えば巨大な規模の地震・津波を考えてきましたが、近年の長期間続く豪雨や台風などの異常気象による地球の変化について、それがアメリカの原発のように洪水による溢水《いっすい》でディーゼル発電機（内部電源）が破損することはないとしても、送電・受電に必要な鉄塔と送電線などの倒壊による外部電源喪失は考えなければならなくなっています。実際これまで、送電系統の損壊は何度も経験してきました。*

さらに、カルデラ噴火について、これまで火砕流や降灰などは、現在稼働中あるいは計画中の原発の40~60年の運用期間内であれば、「過去の火山噴火の周期からみて大丈夫」とか、「破局的な噴火の発生は事前に把握することは難しい」と言いつつ、「モニタリングで噴火を予知できる」という趣旨のことを言って迷走したのが、「川内原発稼働差し止め仮処分申し立て」への決定書に見られる論旨でした。

しかし、歴史的事実としては、約3万年前の始良カルデラの噴火では、川内原発敷地まで火砕流が及んでいた痕跡があり、鬼界カルデラと始良カルデラなどの噴火の降灰によって上野原遺跡が何度も埋もれて、今日に縄文遺跡を残して破局的噴火の時の様相を示してくれています。最近紹介されたもののなかにも、大山の噴火による降灰が京都市内や若狭湾沿いの福井の原発群にも降り注いだことが調査で確認されています。破局的カルデラ噴火とそれによる火砕流、降灰などは、「噴火周期が長いから、原発の運用期間中は大丈夫」などと言えるものではありません。地球の歴史、噴火の歴史から読み取れるのは、私たちが勝手に「当分、火山噴火はない」と決めつけることができないことです。

気象庁気象研究所と東京大学大気海洋研究所、国立環境研究所、海洋研究開発機構の研究チームが共同して、最新の数値シミュレーションを使って、2017年の九州北部豪雨と2018年の西日本豪雨が発生する確率を分析しました。この統計解析によると、地球温暖化の影響で、「50年に1回の大雨」の確率が、2017年7月の九州西部大雨被害で1・5倍、2018年7月の瀬戸内被害では3・3倍に増大していることが明らかになりました。

自然が本来持っている「ゆらぎ」の影響とは別に、温暖化の影響を統計的に把握、解析できたことが科学誌の『npj Climate and Atmospheric Science』に掲載されました。

2 阪神・淡路大震災で巨大な被害を認識

1995年1月17日午前5時46分に、淡路島の明石海峡側を震源として、M7・2の阪神・

淡路大震災が発生しました。この年の人口の半分以上の人は、これだけ大きな地震を経験したことがありませんでした。何しろ過去の第二次大戦の敗北前後に起こった東南海地震（1943年）や福井地震（1944年）、戦後の福井地震（1948年）でさえ、多くの人々はほとんど知らない状態で、現代に生きる人の多くは、巨大地震の恐怖や被害の凄まじさを初めて経験し、認識することになりました。

原発の設計をした人たちも、日頃運転操作していた人たちも、「耐震設計」を行うといっても、自らの体験や図書から得ていた地震の知識範囲を超える災害を想定できない人、あるいはそういう想定を行うことを上層部から制止されていた人たちですから、これまでの限られた条件の下で導き出された実験式・経験式（論文発表者の名前を冠して「××の式」などと呼ばれるもの）に基づく「地震動」を超えるものはないと決めつけて、妙な「確信」を持っていました。

しかし大事なことは、この規模の地震で生じた現実です。家屋の倒壊・火災はもとより、阪神高速道路3号神戸線が橋脚の中ほどで折れて、神戸市東灘区の深江地区では、635mの区間で17基の橋脚が倒壊し、道路は落下、大橋では重さが1万t以上の主構が3mも横にずれてしまうなど想像を絶する被害となりました。

震災から3日後に神戸市へ行きました。長田区の商店街が焼失しているのをはじめ、倒壊したビルや住宅などで前へ進むことも大変でした。何よりも、市民が犠牲になり、大けがをした人など助け出されたまま焼け残った空き地に体を休めておられる姿など、その苦しみを自らのものとしてたまらない思いになりました。

高速道路の橋梁が長い区間にわたって横倒しとなっていますから、交通が完全にマヒして救援・復興支援も時間がかかる事態で、もちろん新幹線をはじめ高架鉄道も軌道と橋脚が破損して不通となりました。水道、ガス、電気、通信という都市生活を支えるインフラがズタズタになり、暮らしが立ちいかない状況に追い込まれました。公的役割を果たすべき神戸市役所2号庁舎の6階の層全体が崩壊して、圧縮倒壊という恐ろしい事態も生まれました。

淡路島沖に震源があり、海の向こうの堺泉北コンビナートも震度4~5を記録しました。私が調査に入った日本石油堺油槽所では12基のタンクのうち10基が不等沈下で沈み込み、倉庫が壊れたり、地面が地割れしている状況で、タンクの胴板と基礎のコンクリートとの間に亀裂が入っているのが頭に焼き付きました。思わず、1964年の新潟地震の時に、日本石油新潟製油所の原油タンクが液状化によって不等沈下して、スロッシング現象で浮き屋根から原油が流出し、火がついて、8日間燃え続けた5基の石油タンクと精製プラントのことが浮かんできました。

＊地震と津波によらない外部電源喪失（鉄塔倒壊など）と内部電源喪失の実例がそれぞれ多数あります。
2020年10月1日に、台風21号（最大風速45m/s）が茨城県潮来市と鹿島市を通過した時に、東京電力送電線鉄塔10基が倒壊・折損し、長期間停電になりました。この時、経産省資源エネルギー庁の下に、

「電力安全小委員会　送電線鉄塔倒壊事故調査ワーキンググループ」が作られて、11月28日に「報告書」がまとめられます。

ほかにも、3・11福島事故のような「津波によるDG（非常用ディーゼル発電機）損壊」とは異なる例も多数あります。内部電源喪失のいくつかの例として、以下挙げます。

1981年7月6日　福島第一原発　DG海水冷却配管から海水漏洩
1997年7月10日　東海第二原発　補給用経由貯蔵タンクから油漏れ
1999年6月14日　志賀原発1号　DGのクランク軸ひび割れ
2009年1月12日　志賀原発2号　DG2台不動作

第2章　3・11の現実〈原発と地震〉

阪神・淡路大震災の半月後の1995年2月1日に開かれた衆議院予算委員会で、原発が巨大地震の直撃を受けたらどうなるかという問題意識を持って質問しました。

1　阪神・淡路大震災は原発危機を示した

吉井英勝委員　阪神大震災で犠牲となった方々および被災された方々に哀悼の意を表し、心よりお見舞いを申し上げます。

今回の地震で、国民は、新幹線、高速道路、鉄筋コンクリートのビルなど、これまで安全だと思っていたものの崩壊に驚き、安全だと説明されてきた日本の原発の安全性に大きな疑念を持っている。

先日、静岡の浜岡町の総代の方（連合自治会長に当たる方）が我が党の町会議員に、「原発でも安全神話が崩れてしまった。何を信頼していいのか」と語っておられる。政治は、今の国民の疑問や不安にこたえなければならない。

今回の地震の加速度について、測定データを確認する。大阪ガスの神戸・中央区で833ガル、神戸海洋気象台で818ガル、大阪ガスの西宮で792ガル、神戸・本山で775ガル、JR鷹取駅で616ガルで、JR宝塚駅が601ガル、主なデータとしている。もっと大きな測定値があればお聞きしたい。

小里貞利阪神震災担当国務大臣　すでに現地も具体的に踏査されているので、状況説明は省略する。気象庁の観測では、今回の地震のマグニチュードは7・2、神戸、洲本で震度6を観測したと報告。なお、神戸市中央区の神戸海洋気象台の地震計では、最大加速度として、南北成分818ガル、東西成分617ガル、上下成分332ガルの地震動を観測したという報告。気象庁の地震機動観測班の現地調査では、神戸市三宮付近および淡路島の北部の一部は震度7だった。

吉井委員　建設省の道路橋調査団の報告でも、先ほどお聞きした数字については確認している。鉛直地震力の測定データについても聞きたい。今回の高速道路の橋脚やビルの破壊がこれに非常にかかわりが大きかったと言われている。神戸大学で446・5ガル、神戸・本山で379・3ガル、尼崎の竹谷町で327・9ガル。主なものとしては大体こういうことで、もっと大きな測定データを掌握しておられたらお聞きしたい。

小里国務大臣　細やかな観測データは、気象庁を通じご説明申し上げたい。

二宮洸三気象庁長官　先ほどお答えのように、神戸海洋気象台の地震計の鉛直加速度は３３２ガル。今回の地震地域で強震観測を実施している機関が気象庁以外にもある。京都大学、大阪大学、神戸大学などの研究機関、そのほか大阪ガス、ＪＲなどがやっている。それからまた、全国の強震観測の取りまとめは、強震観測事業推進連絡会議があり、日本学術会議の勧告に基づき設置された。ここで建築構造物などの強震観測データの取りまとめをしている。ここへ22機関が参加。ただ、現在のところ、この機関から加速度についての正式な報告はまだない。

吉井委員　正式な報告はなくても、先ほどのデータを伺っている。通産大臣にお聞きしたい。この８３３ガル以上の値や、鉛直地震力４４６・５ガル以上の値を耐震設計基準とした原発が日本にあるのか。

橋本龍太郎通商産業大臣　大変申しわけない。私は技術の専門家ではない。事務当局からお答えすることをお許しいただきたい。

川田洋輝資源エネルギー庁長官　直接お答えするとすれば、（８３３ガル以上の値や鉛直地震力４４６・５ガル以上の値を耐震設計基準とした原発は）ございません。しかし、やわらかい砂のところで測定された値と、原子力発電は大変かたい岩盤に直接固定をするので、その数値は異なる。８３３ガルは大阪ガスの葺合地点で観測をされたもの。海に近い柔らかな地盤と推定されるので、地表の揺れが大きく、３倍程度に増幅されていると思われる。

原発の耐震設計基準を超える地震

吉井委員　「そういう原発はない」と答えをいただいた。配布した資料は、通産省からの資料を整理して私の部屋で作ったもの。通産省から訂正の申し出がある1つは、東京電力柏崎刈羽の3、4号機の後の6、7号機は、これは建設中という申し出だから、稼働中48基となる。科学技術庁所管分が1基（もんじゅ）ある。それを合わせると49基。このデータ、これは間違いないことを確認したい。

川田エネ庁長官　提出して先生にご説明した者が確かめたところ、お持ちした数字である。

吉井委員　福井大地震のあった関西電力の美浜、高浜、大飯などのところを見ると、安全余裕検討用地震動または基準地震動S2の値は、最大で405ガル。東海大地震の予想される中部電力浜岡1、2号機では450ガル、また3、4号機では600ガルだが、いずれも神戸市中央区で測定された833ガルよりも低い値だ。また、鉛直地震力については、最大加速度振幅の2分の1を基準としている。神戸大学や神戸市本山、尼崎のいずれのデータよりも設計基準が低い。全ての原発の設計基準が今回の阪神大震災で観測された最大加速度はもとより、それ以下の測定記録と比べてみても低い値であった（地震に耐えられない強度のものであった）ことは明らかだ。

川田エネ庁長官　直接測定をした値はご指摘のとおり。

吉井委員　（基礎となる地盤に比べて表面では増幅されて）2倍から3倍という話は、例えば、「浜岡原発の原子炉設置許可申請書」などにも出ている。「堆積層では岩盤より2倍から3倍の加速度になることがある、それを考えなければいけない」と先ほどの答弁だった。浜岡原発の申請書では、この時の最大級の加速度を示したと言われる福井地震の沖積層の500から600ガルをはるかに上回る値で、大丈夫だと出してきているが、実は福井地震では測定器がなかった。測定器がないから、600ガルとか500ガルという話は全くデータとしてはない。

福井市の『福井烈震誌』のなかでは、福井地震の時には、「福井測候所には戦災以来地震計の設備がなかった」と。要するに人が感じて、これは大体震度いくらぐらいとか、有感地震が何回ぐらいあったというデータしかない。

原発建設計画の申請者もデータのないものについて、あるかのような「確信」を持って出すのは変なことだ。実はこの2倍ということにすると、これは岩のところよりも2倍の値で上に出たというのが833ガルということになる。単純に2で割れば、岩盤のところで416・5ガルあったことになる

阪神・淡路大震災の測定値と原発「耐震設計」の現実

この提出した資料ですぐ分かるが、まずこの値と比べて、（電力会社が耐震設計を行って申請した）泊

1号、2号、女川、福島第一原発の1号から6号、福島第二の1号から4号、美浜1号から3号、高浜1号から4号、大飯1号から4号、島根1、2号、伊方1、2号、玄海1号から3号、川内1、2号、東海第二、それから敦賀1号の合計35基の商業用原発の設計基準が、実は岩盤のところでも今おっしゃった基準で見ても阪神大地震の測定値以下だった。

つまり、設計基準値を超える地震だったということになる。基準値に問題があったことが分かる。（基礎の岩盤より沖積層では）3倍というのもおっしゃった。3倍で見ると、これは設置者側に有利な数字になるが、逆に（測定データを）3で割ればいいわけだから、岩盤で277ガルの地震ということになる。福島第一の6基、福島第二の2基、玄海1、2号、川内1号、東海第二の合計12基の原発は、設計基準値を超える地震であった。だから、基準値が合わなかったことにならないか（筆者注　1995年当時の設計基準値でみての合計基数です）。

川田エネ庁長官　先ほど直接岩盤に固定をするということを申したが、そのほかにさらに原子炉容器、原子炉格納容器などの重要なものについては、四国の多度津に世界で最も大きい大型振動台を持っており、そこで実地の加振試験を加えて安全性の実証をしている。

地震動は多度津振動実験装置で調べている

それも踏まえてお示しのS2の数字だが、日本の原子力発電所の設計用の地震動は、岩盤上で全体を平均してみると370ガルということに相なる。先ほどの実際実験をしている数値はその1・6倍、590ガルまで耐え得ることが大型振動台での実証試験で確認されている。

今回の地震では、先ほどお示しあったように、砂地のところでの833ガルというのが計測されているが、揺れの少ない岩盤上では、先ほどご説明したように3分の1、砂地に比べれば3分の1程度の、数字で言うと280ガルに当たる。したがって、280ガルと590ガルという比較で、原子力発電所が十分耐え得るものだと思っている。

吉井委員　平均値が370ガルか。おっしゃったのが合わないことは先ほどの指摘でよく分かる。それで、なお多度津の装置で得たデータのことは私も分からぬではないが、15m角の上に全部原発を載せて実験というわけにいかない（実際の原発が大きすぎて装置に載らない）ので、ばらばらにして、単体ごとのデータであって、システム全体としては実のところ測定値はない。システムを組み立てた時には単純には単体のデータどおりにいかないということで、多度津の例を出しても説得力がないことを申し上げておく。

「発電用原子炉施設に関する耐震設計審査指針」を安全委員会が出している。直下型地震については、S2として考慮する近距離半径10㎞ということが大体基準のようだが、その地震にはM6・5の直下地震を想定するとしている。今回はM7・2の直下型地震だった。現実の直下型地震のマグニチュードよりその想定が低過ぎた。これは改めて考えていかなければいけないことを指摘しておく。これまで日本の原発は安全だと言ってきた。これはたまたま直下型地震に遭遇していなかったのであって、実態に合わない。もちろん、人口密集地の神戸のようなところへ原発を持ってくることは当然ないが、そういうことがやはり明白になった。

現状の原発が全く安全で心配のないものとする「安全神話」に立っては無責任になる。総理の見解を伺う。

村山富一内閣総理大臣 原子力発電について安全性の確保は徹底してやらねばならぬことは当然。ご指摘の発電所の耐震性について、安全性の確保に万全を期すために、地点選定にあたっては活動可能性のある活断層は避け、敷地周辺の活断層や過去の地震などの詳細な調査に基づく安全上の十分な余裕を持った耐震設計がされておると聞いている。しかし、これまでの考え方に安住するのではなく、今回のような地震に関していろいろな経験もしてきている。各方面での調査検討も見極めながら、一層この安全性の確認については徹底する必要があると思う。

カリフォルニアには活断層法

吉井委員 安全神話をやはり政治の世界からは断ち切らないと。開発したい人が神話に取りつかれるのは別として、政治家は国民の心配、安全に対する疑念にきちっと対応しなければいけない。

これまでの「発電用軽水型原子炉施設に関する安全設計審査指針」のなかでは、「原子炉施設全般」について「自然現象に対する設計上の考慮」も項目にあげ、そのなかで、「設計用地震力に十分耐える設計であること」を示すとともに、「安全機能を有する構築物、系統及び機器」について、「予想される自然現象のうち最も苛酷と考えられる条件、又は自然力に事故荷重を適切に組み合わせた場合を考慮した設計であること」としている。

やはり安全を考えなければいけないとこの指針ではうたっている。1989年のサンフランシスコ地震は980ガル、1994年のロサンゼルス地震は1800ガル。だから、1800ガルを（仮に軟弱地盤上として）3で割ったとしても600ガルを超える。

本当に過酷な条件を考えなければいけないと指針でもうたっている。新しい基準を早急に設けて、総点検をきちんと行うのが政治の責任だ。この点についての総理、通産大臣の見解を伺う。

橋本通産大臣　地震の報道に接した時、一番の関心事は、生活の源になる電気、ガスはどうだろうということだった。被害状況が明らかになると同時に、原発はどうかということが事務方に対する次の問いかけだった。幸いに、今回の兵庫県南部地震では（原発は）問題がなかったので安心した。

しかし、今委員がご指摘のように、安全に対してどこまで注意をしても行き過ぎはない。通産省としても、各方面で今回の地震に関する調査などが進められており、原子力安全委員会が今回の地震を踏まえた検討会を設置し、耐震設計に関する指針の妥当性について確認されることを踏まえ、調査検討を注視する。同時に、通産省にある原子力発電技術顧問の専門的なご意見も伺いながら、今回の地震によって得られる知見から、原子力発電所の安全性について参考にすべき視点が存在するか確認を行うなど、引き続き安全確保に全力を尽くしたい。

吉井委員　安全審査を所管する科学技術庁長官に伺う。カリフォルニアには活断層法（略称）と呼ばれる州法がある。活断層の上とその近傍では、原発など危険物施設はもとより一般住宅についても建設を禁止する法律だ。これはアルキスト・プリオロ特別調査地帯法という名前で1971年に作られている。法律の中身について大臣に聞こうというのではない。

大事なこととして、日本には世界の地震と火山の1割が集中している、日本列島全部が活断層だらけの地震地帯なので、アメリカ並みの活断層法と同じものを作れというのでなく、その発想が今後必要になる。大臣の所見を伺いたい。

田中真紀子科学技術庁長官　将来的にはおっしゃった海外も参考にする発想も必要になる。活断層が走っていて、地震国であるのは日本の宿命。そこで原子力発電所をやる時には当然、立地条件を岩盤であるという地質調査をしっかりやって、その上に立地している。その上はさらに、耐震構造を考えて、そして緊急の場合にはスクランブルができ、人的にも常にアラートな状態でいられるようにしている。

浜岡の場合は、普通は岩盤上に建てているところもあるが、浜岡原発は東海地震の一番予知できる地域なので、岩盤までじかに掘り下げて、その上に6ｍ、コンクリートを積み上げている。しかも、その建物も普通の建物ではなくて、新しく検討された「複合建屋式」という建築方式も取り入れているそうだ。

吉井委員　志賀原発は、学者の方が能登半島の活断層のちょうど上にあることを見つけて、明らかにしている。それから、浜岡と柏崎刈羽原発も敷地に活断層がある。それで、地震学者は、東海地震について、浜岡町を含む長さ１００㎞から１２０㎞、幅50㎞の範囲で断層が動き、Ｍ８級の大地震が起こり得ることを予測している。

つまり、震源域に原発を作っているのが浜岡の問題であって、私もかつて浜岡を見に行った。岩の上に建っていると言っても、原発は圧力容器と格納容器などだけでできるものではない。当然、冷却水が地震でだめになった時には、崩壊熱で、それでも冷却しないとやっていけないが、実はその崩壊熱を取るための冷却水管そのものが砂地の上に置かれていて、大きな問題がある。

このことは、１９８１年２月の予算委員会で我が党の不破哲三委員長の質問のなかでも示している。静岡県の調査でも、３００ガル以上の圧力が加わったら浜岡は液状化するという「報告書」が出ている。そういうところへ原発を設置している。アメリカでは、活断層の上には原発はおろか住宅も作らないようにと、カリフォルニアの州法、法律まで作って取り組んでいる。本当に学ぼうとするのなら、事務方も「大丈夫だ」と大臣に説明をするだけでなく、きちっとした説明をしなければいけない。

浜岡ではそういう問題があるから、今回のような活断層の上の直下型地震となると、液状化して地盤そのものがなくなる。阪神大震災から真剣に教訓を学ぶならば、老朽化している浜岡１、２号機などについては、速やかに停止をして、廃炉にするかどうかについても検討をしなければいけない。（１９９５年時点で）日本の原発の25基が観測強化地域、特別観測地域のなかに設置されているわけだ。こういうあり方そのものについて、これまでの基準でとても安心できないことが問題。総理、阪神の大地震から真剣に教訓を得て、これらの問題について、内閣として検討していく姿勢を示していただきたい。

村山総理　原子力は、事故があって、もう取り返しのつかない大きな災害になる。何よりも安全性というものが最優先で、徹底してやってもらわなければいかぬ。

これまで作られた原子力発電所については、専門家が地質の調査や活断層の調査やら十分、あらゆる角度からやって、作られてきている思う。しかし、今回の地震の大きな影響もあるわけだから、もう安全神話というのはない。これまでのことに安住するのでなく、やはりこの経験に照らして、見直すところは見直す態度が必要だ。

2 国会で初めての「原発と地震」の本格的解明

不破哲三氏（日本共産党元議長）は1981年2月1日の衆議院予算委員会で、「大規模地震対策特別措置法」（1978年成立）について質問しました。東海地震という巨大地震の危険が想定されている震源域の真上に浜岡原発を2基建設して稼動を始め、さらに3基目の原発を建設しようとしていた時でした。この法律に基づいて地震予知のシステムを作って、予知されても、対応できることは限られていること、一番大事なのは地震が来ても大丈夫なような街づくりをすることであり、危ないモノはその地域に置かないことだと、当時の鈴木善幸首相に迫りました。この追及が、国会で初めての「原発と地震」についての質問となりました。

この80年代初めには、福島原発をはじめ、女川（宮城県）、柏崎刈羽（新潟県）、浜岡（静岡県）、伊方（愛媛県）、福井、島根などの原発が、いずれも大地震の想定震源域や活断層の真上にあることを示して、「こんな危険な地盤の上に原発を作ろうとする国は、世界のどこにも例がない」と批判した不破氏は、計画の撤回と既存原発の全面的な安全総点検を求めました。

またこれに先立って、不破氏は1976年の予算委員会では「原発の安全審査体制が不備で、きちんとした審査が行われていない」こと、「再処理工場に取り掛かりながら、使用済み核燃料についての知識や技術がない」ことを追及し、1980年の予算委員会ではTMI（スリーマイル島）原発事故の教訓を学ばずに、「安全神話」に取りつかれている日本の原発推進体制を掘り下げました。

検査や実証試験には必ず客観性が必要

先の衆議院予算委員会での質疑に戻ります。

吉井委員　原発に関してもう一つ紹介する。１９９１年２月９日に、関西電力美浜原発２号機の蒸気発生器細管のギロチン破断事故が発生した。当時、国会で取り上げたが、実はその事故の４年前、１９８７年７月にノースアンナ１号機のギロチン破断事故がアメリカであった。アメリカ政府は徹底的にその調査をして、翌年、１９８８年の２月に原子力規制委員会（ＮＲＣ）は原因となった３つの問題点を指摘して、その３つの問題を中心にして、「ウェスチングハウスおよびコンパッション・エンジニアリングの２社の蒸気発生器を使用している事業者は、調べて、45日以内に詳細な報告書を提出しなさい」と命じた。

その文書は日本にも来ていたが、当時の日本の対応は、「日本の原発は水管理をしっかりやっているから大丈夫」という対応だった。また、その蒸気発生器について、政府の委託調査で、安全性実証試験の検討委員会をそれより数年前に設置して、実際に実験をやったのは実は美浜原発の蒸気発生器を作った三菱重工業。そこへ委託調査を出していた。それで「安全だ」、「安全だ」と言ってしまった。しかし、３年後の１９９１年２月に、関電美浜原発２号機の蒸気発生器細管のギロチン破断事故をやった。その後、政府の調査によっても明らかになったのは、結局、４年前にＮＲＣが指摘したとおりの３つの問題（事故原因）だった。

本当にこれまでの教訓をしっかり学んで、「よそで問題があっても日本は大丈夫だ」という発想をやめ、原発の基準について徹底した見直し、原発の徹底した総点検を行う。これだけのことはやり抜いていく必要がある。総理の見解を伺う。

橋本通産大臣　私自身、技術の素養がない。原子力安全委員会が今回の地震を踏まえた検討会を設置し、耐震設計に関する指針の妥当性について確認する。これも参考にし、原子力発電技術顧問の専門的な意見も聞き、安全確保に一層努力する。

吉井委員　その安全性の確認で、「今までの基準で良かった、良かった、万々歳」となったのでは、本当に教訓を酌み取ることにはならない。

実態を示すデータ保存を確実に

吉井委員　震災の後、私は西宮から芦屋、東灘、灘、ずっと回って長田区まで、歩いていくのは大変だが、自転車で9時間ぐらいかけて災害の調査に回った。高速道路がどうなっているか、ビルがどうなっているか、もちろん、被災者の方、業者の方のご要望などを見たり聞いたりした。

そのなかで、まず地震に強い建物を今後考えていくうえで一つ大事だと思ったのは、高速道路、鉄道、公共建築物などの耐震設計基準の見直しの方向で検討すると答弁などで示されているが、合わせて、その見直しとともに、設計、施工、材質、管理のそれぞれの角度から本当に検討を行うことができるようにするのが必要だということ。今はたしかに復興、復旧を急がなければならないから、神戸の街全体が工事現場のようになっている。がれきをどんどん撤去すると言っているが、実はそういうなかで、必要な研究資料となるものを、国立の試験研究機関や近くにある神戸大学や京都大学の防災研究所をはじめとして全国の研究者に、こういうものが確実に保管されて、学者、専門家の手で材料試験をはじめとする分析や研究ができるよう保証していくことが必要だ。

実のところ、それをやっておかないと、今度の問題の究明も、これからの対策もなかなか科学的にできない場合もある。だから、どんどん撤去するなかで、同時に必要な部分、例えば道路橋の足だ。学者の人たちでは、上から下までをぶっちぎって大学へ持って帰ることは簡単にいかない。運べない場合は、ガス切断をするか、あるいはコンクリートの切断をやるかして、持ち帰れるような形にして持って帰らなければいけないが、しかし、そういうことがなかなか進まないうちに実はどんどんそういう大事な資料というものがなくなっていっている。これが現実だ。私は研究者、技術者の方たちからもそういう声を聞いている。

そういう点で、これはまず現場で協力もしてもらわないとうまくいかないから、道路やビルなどについて、国立の試験研究機関はもとより、全国の希望する大学の研究所や学者の人たちの手にきちっと渡るような体制をとっていただきたい。道路、ビルなどについては建設大臣から、新幹線など鉄道については運輸大臣からお聞きしたい。

野坂浩賢官房長官　がれきの取り片づけだけではない、そこにも重大な資料もあろうと思っている。今までは、関東大震災なり新潟地震などで、それの耐震性を基準にして作ったという現状がある。それが倒れたわけだから、地震学の先生や橋梁学の先生など、がれきを除去するだけではなく、重大な資料があれば全部収集をし、その傷跡や破損部分については十分に対応する。

現場の写真を撮る、コアを採るなど、将来の原因究明のためのデータの収集をきちっとやれと指示している。

亀井静香建設大臣　陸海空、それぞれ検討委員会を設け、現地で専門家が活動開始をしている。ご指摘のような今後の耐震研究に必要な資料などは確保し、将来に備える。

吉井委員　基準の見直しと、その基準に合った設計・施工を完璧にする。大量輸送手段や公共的性格を持つ建造物を利用する国民の安全を保障するうえで、絶対にやり抜かなければならない。過去の設計図書と現場の資料とをきちっと突き合わせ、研究を。建設省や運輸省の方で、学者、研究者の皆さんと協力ができるような体制をとっていただきたい。

第3章　東日本大震災での巨大地震と津波の威力

東日本大震災は、日本国内観測史上最大規模でした。

1　カムチャッカ地震と同じ規模

また、アメリカ地質調査所（USGS = United States Geological Survey）のデータによると、1900年以降、最大規模は1960年5月23日に発生したチリ地震のM9・5、次いで1964年3月28日のアラスカ地震のM9・2、そして、2004年12月26日のスマトラ島沖地震のM9・1の次に4番目の大きな地震として、2011年3月11日の東北地方太平洋沖地震（東日本大震災）がM9・0で、1952年11月5日に発生したカムチャッカ地震と同じ規模となりました。

それまでは1995年1月17日に明石海峡で深さ16㎞を震源として発生した阪神淡路大震災（兵庫県南部地震）が、M7・3で国内最大規模でしたが、これをも凌ぐものとなりました。そしてこのことは、「過去最大規模の災害を想定して取り組む」という発想では災害から免れることはできないということを示しました。

当日の本震による震度は、宮城県北部の栗原市で最大震度7を観測し、この宮城県の他に、福島県、茨城県、栃木県などで震度6強を観測しました。北海道から九州地方にかけて、全国で震度6弱から震度1の揺れに見舞われました。

東日本大震災は、「海溝型地震」と言われます。これは日本列島が、海と陸の4枚のプレートの境界に位置していて、そのうちの太平洋プレート（海のプレート）と北米プレート（陸のプレート）の境界にあたる水深6000m以上の深い溝（海溝）のところで起きました。

太平洋プレートは、北米プレートの方へ年間8~10㎝程度押しつけるように寄せてきて、海のプレートは陸のプレートの下へ（重いため）沈み込みます。普段はぶつかり合ったプレートが接する面で、摩擦により、重くて下にもぐる海のプレートが、陸のプレートの先端部分を引きずり込みながら沈み込むと、ひずみが蓄積して、限界に達すると、陸のプレートの先端が一気に跳ね上がり、地震が発生します。この地震に伴い海水が押し上げられることで、今回の震災のように、津波が発生しました。

2 巨大な地震・津波と原発被害の二重の災害

災害直後の概況が分かりだした頃の緊急災害対策本部資料によると、震災から3か月を過ぎた6月20日時点で、被害の状況は、死者約1万5000人、行方不明者約7500人、負傷者約5400人とされ、12万5000人近くの方々が避難生活を送っていました。まだ、行方不明者も多く、全容は把握されていませんでした。

本震による震度は、宮城県北部の栗原市で最大震度7が観測され、その後も強い揺れを伴う余震が多数観測されました。気象庁の発表で、4月7日に宮城県沖を震源として震度6強の余震をはじめ、5月31日までに発生した余震は、最大震度6強が2回、最大震度6弱が2回、最大震度5強が6回、最大震度5弱が23回、最大震度4が135回観測されました。

とくに地震と津波の被害にとどまらず、地震で送電鉄塔が倒壊して外部電源が断たれ、津波を被って緊急に停止した原子炉の中の核燃料を冷やし続けるための炉心冷却用のポンプを動かす内部電源が損傷しまして、冷却できなくなった核燃料の温度が上昇しました。そして、ついに炉心溶融（メルトダウン）するとともに、燃料被覆管のジルコニウムと冷却水が反応して水素が発生することで、原子炉建屋や原子炉が水素爆発してしまい、広い範囲にわたって放射能汚染が広がりました。この地域の風向きという地理的条件が重なって、放射能汚染は北北東に長細く汚染地域が伸びていきました。

私は原子力に関わった人たちと、福島原発事故から8年半経った夏に、被災地の現状を視に行きました。JR富岡駅など放射能汚染の酷かった街の様子や建て直された駅は、事故直後に何度も見た光景と違ってきれいでしたが、人影が見当たりませんでした。事故直後に見た駅前に建っていた住宅の居間の真ん中に、津波で流されてきた軽四輪自動車が乗り上げている姿などの恐ろしい光景はなくなっていても、肝心の住民は帰宅しておらず、汚染されたこの街の復興にはこの先長い時間を要するなと思いました。

東日本大震災と東京電力福島第一原発事故から9年となった2020年3月11日、被災地で亡くなられた方が1万5899人、いまだに行方が分かっていない方が2529人、避難生活を続けている人も4万7737人という状況です。「生活も心も復興はまだまだこれから」という被災者の声は心に重たく響きます。

被災者の痛みが分かっていないかのように、東京電力と政府は、被災者に対する「損害賠償」に応じないという態度を貫いてきました。生活の苦労を背負いながら訴訟で頑張った方たちに対して、司法の場は暖かいものでなく損害賠償を求めた集団訴訟は、全国で約30件のなかで、地方裁判所の判決では、被災者側が勝利したのは7件に対して、被災者側敗訴が6件という状況です。２０２０年9月30日の仙台高裁で初めて上級審（上田哲裁判長）で、国は東京電力と共同で10億１０００万円を被災住民に支払いなさい、また国と東京電力とは同等の負担をするべきだとする判決が下されました。

この原発事故被災者の「生業《なりわい》を返せ、地域を返せ！」と訴えた福島の「原状回復等請求控訴事件」については、福島地方裁判所に続いて仙台高等裁判所でも、被災した住民側が勝利しました。

事故の原因は、地震で停止した原発の核燃料から出てくる崩壊熱を除去するために冷却水を循環させなくてはなりませんが、この循環ポンプを動かす外部からの電源が失われてしまったことと、その場合には、ディーゼル発電機で電力を賄う必要があるのに、津波の襲来で発電機が破損して内部電源喪失となったことです。この全電源喪失によって、原子炉の冷却ができなくなり、炉心溶融（メルトダウン）から水素爆発へと最悪の事態が進みました。

巨大地震の発生も津波の襲来も予測できたことなのに、東京電力も国も、事前の警告を無視して原発推進をすすめてきた結果、このような重大な事故を引き起こし、多数の犠牲者を出したのです。普通なら、裁判で争う前に謝罪して、損害賠償を行うことになるはずなのに、事故から二審判決までに8年もの時間を要したものです。ところが、まだ謝罪も賠償もする気がなくて、国と東電は２０２０年10月13日に、仙台高裁の判決を不服として最高裁に上告しました。

③ 地震・津波は自然現象、異常気象は人為的災害

最近の相次ぐ地震の規模が大きいことに注目しています。巨大地震が原発プラントとそれを形成している機器や塔槽類を破損することは何度も経験してきました。

・２００７年７月16日　新潟県中越沖地震
M６・８、最大震度６強、加速度８１３ガル（耐震設計値４５０ガルに対応するとした東電柏崎刈羽原発の原子炉建屋下の固い地盤の所での記録で９９３ガル）。
・２００８年７月24日、岩手宮城内陸地震
M７・２、最大震度６強、加速度４０２２ガル。関電大飯原発差し止め判決・高浜原発運転差し止め仮処分を出した樋口英明元裁判長の判決書で法理の展開のなかで指摘された事実。
・２０１１年３月11日、東日本大震災（東北日本太平洋沖地震）
M９・０、最大震度７、加速度２９３３ガル。東京電力福島第一原発事故。
・２０１８年９月６日、北海道胆振東部地震

M6・7、最大震度7、加速度1796ガル。苫東厚真火力発電所に続いて水力発電所、風力発電所などが、供給電力と需要電力の差が大きくなりすぎて、急激な周波数低下で停止することとなり、北海道全道ブラックアウトになりました。

2000年代に入ってからでも大きな地震として、これら4つがすぐに挙がります。これらの地震は自然現象です。しかし、あらかじめ「想定」して、被害が巨大なものにならないようにする取り組みはある程度考えることができます。その未然の防御策を考えなかったら「自然災害」とよく呼ばれる「災害」になります。福島原発事故はその実例です。

突然の超巨大台風や長期間続く豪雨の場合は、その自然現象の発生している間は、もたらされる災害から身を護ることは大変です。しかし、このような自然現象を生み出さない気象条件を作るために、二酸化炭素の排出を抑制して、地球の上空で取り囲んでいる温室効果ガスを減らして、温暖化を食い止めることはできます。

1988年に国連の機関として作られた「気候変動に関する政府間パネル」(IPCC)の報告に基づいて、1992年に「気候変動枠組み条約」が結ばれ、1995年から毎年「締約国会議」(COP)が開かれ、温暖化の急速な進行という現実から、真剣な取り組みが広がってきました。それでも、毎年の大洪水、豪雪や熱波などの異常気象がもたらした出来事は、これまでの取り組みの延長線上ではだめなことを示しています。

地球史的規模の自然現象が猛威を振るっているように思いますが、「自然現象」と「自然災害」とは違います。地球の歴史のなかで、巨大な地震も津波も、カルデラ噴火や落雷、竜巻、台風、集中豪雨、豪雪など何でもありの自然現象に見舞われてきました。

これらを「自然災害」や「人災」にしたのは、政治の責任です。人々の暮らしや住まい方について「災害」をもたらす気象条件や地理的条件など考えないで、「国土政策」「地方計画」を「開発優先」で進めてきた責任は重大です。地震の起こり得るところに原発を建設するなど、「人災」をもたらした政治のありようを考えることが必要です。

第4章　原発老朽化の現実

3・11原発事故を起こした東京電力福島第一原発1号機の工事認可が下りたのは、１９６７年９月でした。それから着工して、１９７１年3月21日に運転開始となりました。他の電力会社の原発も同様で、運転開始から半世紀近く経っているものが少なくありません。

1　加圧水型原発（PWR）の老朽化で何が起こったか

高温高圧の冷却水の乱流に削られ、高速中性子の衝突で原子炉内部の鋼鉄の壁の脆性劣化が進んでいることなど、「老朽原発」がどういう問題を抱えているかを国会審議の舞台で明らかにするとともに、老朽化した原発が巨大な地震や津波に襲われた時に、どのような事態を引き起こすかをよく見ておくことが必要になります。

ＰＷＲ（加圧水型原発）とＢＷＲ（沸騰水型原発）で、老朽化による原発の損傷には、腐食や乱流による切削など共通するものもあれば、ＰＷＲの蒸気発生器細管とＢＷＲの原子炉格納容器内の炉心隔壁のように炉型に伴う機器の違いで、老朽化の表れ方が違ってくることがあります。

１９９１年２月７日に、福井県美浜町にある関西電力美浜原発２号機で、蒸気発生器細管のギロチン破断事故が発生しました。美浜原発２号機の蒸気発生器の中を走っている細管は、総延長は70㎞、伝熱面積（表面積）はＡ、Ｂの２つの蒸気発生器の細管を合わせて東京ドームぐらいの面積になります。細管の直径は22㎜で、肉厚は１・２㎜です。そのＡの蒸気発生器の細管を検査するだけで70㎞にわたって、微小な傷やピンホールを調べることになります。検査そのものが大変な作業になりますが、これは加圧水型原発の心臓部です。１９９１年２月１日の衆議院科学技術委員会の質疑から見ていきます。

吉井英勝委員　改めてＴＭＩの事故の記録などを読み返してみた。そこでいくつか大事な点が浮かんでくる。スリーマイル島原発事故の時は、１つは第２次冷却水用のポンプが故障した。それから第２次冷却水循環補助ポンプを作動させたが、肝心の弁が閉まったままだった。２つ目に、加圧器の水位計が原因不明で振り切れてしまって、ＥＣＣＳ（緊急炉心冷却装置）が止まってしまった。最初は作動していたのだが。

今回の美浜原発事故を考えても、原子力安全委員会の安全審査の大前提は、あくまでも機械的なミスがない、設計上のミスがない、人為的なミスがない、そういう故障がないことが大前提だと思う。

第1に伺いたい。加圧器圧力逃し弁が2個とも作動しなかったこと。それから主蒸気隔離弁が自動操作で閉まり切らなかった問題。加圧器の水位計の指示がどうも正確ではなかったのではないか、誤指示だったと問題が指摘されている。それから、ECCSについても手動で操作をやったという一連のことは、原子炉にとって重大な問題であった。委員長の見解を伺う。

内田秀雄原子力安全委員長　安全確保の前提には基本的設計方針が妥当であることをチェックしなければならない。もちろん、それの前提としては、機器のでき上がりが非常に良いものである、機器に故障がないこと、あるいは予防、保全に徹するという前提、運転員の訓練も十分に高度のものである必要、そういう前提がある。今回の事故が起こった経過のなかに、まだ十分調査しているわけではないが、加圧器の逃し弁が2個とも開放しようと思ったが動作しなかったことは、非常に残念な大きな問題と思っていて、どのような原因であるか早急に突き詰めなければならない。

ただ、言い訳めいて言うわけではないが、TMIの事故が起こった後には、加圧器の逃し弁が開固着して、それが事実上の小LOCA（冷却材喪失事故）に発展して、その開固着を認識できなかったことが非常に大きな問題になった。その後、加圧器逃し弁の安全上位置づけを各国並びに日本でも十分審査した。加圧器逃し弁は、もちろん加圧器には安全弁があるが、その手前に、圧力が上がり過ぎるといけないので、手動で「開」に駆動することができるように逃し弁がついている。この逃し弁は一つの圧力の調整の役も果たしており、常時運転中にもそれを使ってはならないことにはなっていない。

しかし、TMI以降の調査において、安全弁の「開」の問題は、「開く」ことは安全上そんなに大事な問題ではなく、むしろ「開」があった後に「閉じる」ことが非常に重要な機能である。今回逃し弁が開かなかったが、逃し弁が開くことによって圧力を下げ早く冷却することができる。それに代わり蒸気発生器を使って、あるいはBの蒸気発生器からの蒸気の放出、タービンの復水器により冷却という別の方法で冷却できた。


吉井委員　お聞きしたことで一番大事な答弁は、機器の故障などが原子炉にとって非常に大きな意味を持っていたということ。それを委員長が認められたことが一番大事な点。

実は、原子力委員会の月報で1968年の№5がある。美浜の事故を審査された時のもので、部会長として内田先生がなっていて、重大事故を想定され、重大事故のなかには蒸気発生器細管の破損事故を想定し、そういう事故があっても二次側の蒸気隔離弁を閉止するので、だからあまり大きな問題はない、安全だと指摘していた。ところが、今回はその肝心の主蒸気隔離弁が自動操作では閉まり切らなかった。審査の時は大丈夫だとおっしゃったが、現実にはそうはなっていなかった。

機器類の故障は重大な問題だということを、やはり最初にしっかりと認識していただきたい。これが狂ってしまうと、いくら安全審査で「安全だ」と言っても、根底が狂ってくる。これは極めて重大だと申し上げたい。

原発機器の故障は安全の前提を崩す

吉井委員　もちろん、先生も関西電力の運転記録を見ていると思う。私も見た。大体この記録を見ると、13時54分頃と14時3分の2回ぐらい、冷却材圧力急降下に伴う飽和温度の低下により、冷却材温度、これはAループの方の温度で見ていくと、温度差はわずか3℃ぐらいに接近している。温度差が逆転ということになりますと、先生ご専門の沸騰現象が起こる。沸騰状態で、ひどい状態になると、沸騰によってさらに圧力で水位が押し下げられていく問題が出てくる。最悪の場合は核燃料の溶融、メルトダウンにも繋がるぐらい大変な問題だった。

つまり、これは機器の操作、TMIの時のように人為的なミスやすでに故障があったわけだ。設計上のミスやいくつか重なった時には、いくらスクラムが働いてECCSが作動しておったといっても、TMI事故と同じ大変危険な、いわば寸前のところへ行っていた。それぐらい大事なところへ行っていたと、共通の認識として持っておく必要があるのではないか。委員長のお考えはどうか。

内田原子力安全委員長　今先生もおっしゃったように、機器の故障がないこと、機器の信頼性が高い必要があることが安全の大前提である。今回の事故の経過を詳細に調べないとまだ分からないが、加圧器の逃し弁が開かなかったこと、あるいは蒸気の止め弁が完全に閉まらなかったことの原因を調査する必要があり、これは大変な一つの大きなテーマだろうと思う。この事故が一体どこまで進展する可能性があったかは、十分今度の事故事象について解析コードで検討しないと分からない。今直ちにお答え申し上げる知識は持っていない。

吉井委員　温度差が3℃近くになったことは、もし逆転しておれば沸騰という現象が起こるし、単なる核沸騰ではなくて膜沸騰になって、燃料体そのものが沸騰蒸気の膜に包まれてしまうと、伝熱が全くだめになるわけで、さらに蒸気圧によって水位が低下してしまうと大きな問題になっていた。今回の事故は、不幸中の幸いだが、一歩進めばTMI事故と同じところに行ってしまっていた。大変な問題を持っていた。

ギロチン破断が起こった。先ほど来、施栓率のお話があった。前回の定期点検の後、これは「細管マップ」で、どの細管に施栓をしたかというのは黒丸でつけてある。今回のギロチン破断が起こった箇所はまさにこの施栓した、損傷の集中しているところでギロチン破断が起こった。この細管マップをご覧になった時、関電に対して、この損傷の集中したところについてどういう調査をしたのか、あるいは調査を進めようとしているのか、徹底した特別の調査検討が必要だという指示をしたのか。

内田原子力安全委員長　今度の事故の調査結果については、調査の過程で通産省から何回も報告は受けている。安全委員の一人としてよりも、むしろ専門家として、そのマップを最初に見せてもらい、施栓しているところの近くに今度の破断の問題があるというので、この施栓の本数の集中したところは全体から見ると流動現象が変わっているであろう、それが何らかの影響を与えたのではないかという問題意識は当時持ち、通産省にその点も調査するように要求している。

吉井委員　今回の事故があった後の話を聞いているのではない。昨年の定期点検が済んだ後、この細管の損傷している箇所は異常に集中している。このメーカーである三菱重工の研究レポートを読んだ。この細管の高温側で重力速度分布がどうなっているか、この論文も読んだ。それから、細管損傷が重なっているところは、この部分では沸騰現象が起こらないし、健全管の方では沸騰現象が起こるわけであり、当然ボイドの発生によるさまざまな影響が違ってくることも明らか。だから、この事故が起こってからの判断ではなく、昨年の定期検査の後、細管マップを見て、その時に関西電力に「特別の検討が必要ですよ」という注意を与えたのか、そこをお伺いしたい。

内田原子力安全委員長　そこの流動現象の変動が、平均から見て、変動がどういう影響をするかは、これからの調査の問題だと思う。残念ながら、従来そういう問題がありそうだとはまだ認識しなかった。これから十分勉強したい。

吉井委員　原子力安全委員会だから、本当だと諸外国のように「原子力規制委員会」という名前で、推進側に立って物を見るのではなくて、推進側に対してチェックする側で見ていただきたい。事故が起こって、これからの課題だ、では困る。

こういう問題を見た時、私も技術屋の端くれだが、この図を見ただけで、損傷がこれだけ集中していれば何か問題があると思うのが科学者、技術者である者の普通の発想だ。それが日本の原子力の安全という一番大事なところを担っているわけだから、なぜ関西電力に対して、その時点で特別の検討を命じられなかったのか。検討してなおかつこうなったというなら、それとして分かる。その時点で注意をしていなかった。やはり、今日のあり方として問われるべき問題があることを指摘しておく。

次に、私は先日、関西電力の美浜の調査の後、関西電力の本社へも参った。原子力担当の本部長代理をはじめ常務の皆さんなどともいろいろなお話もした。ギロチン破断を想定した点検については、関電の皆さんは「今一体何をしたらいいのか分からないのだ」と。これは関電の幹部の方の話だ。今のところ、そういうギロチン破断のことを考えた点検のやり方も分からぬ、これは正直な言葉だと感じた。

実際、今度の細管についても、大臣、物すごい距離ですよ。70㎞になる。細管の総延長は70㎞、伝熱面積だから表面積は、大体A、B2つあるが、2つ足して東京ドームぐらいの面積になるか。そのAの蒸気発生器の細管を検査するだけで、70㎞調べなければいけない。そのなかで、どこに問題ある箇所があるかと言うと、それは腐食であれ何であれ、いわば大体1㎜ぐらいのものを見つけなければいけない。70㎞と言うと、大阪―京都間で50㎞ぐらいか、京阪、阪急で。70㎞だからまだ長い。それだけ長い距離を調べて、大体1㎜ぐらいの傷を見つけなければいけない。

細管の中へプローブを入れて調べるのだが、表面はまだ全く調べていない。現在のやり方では、定期点検の時に表面は調べられない。中から調べるものだから、ECT（渦電流探傷検査）のやり方で、大体傷が肉厚の20㎜以上はないとノイズが入ってきて、それが傷なのかノイズなのか分からない。これも関電の方は非常に正直に言っていた。

つまり現在、ギロチン破断に発展するおそれのあるところを、事前に100%見つけ出せる検査方法は確立していない。しかし、安全審査のうえでは、安全委員会の方は大丈夫だと言ってきた。これは非常に恐ろしいことだ。

そこで、原子力安全委員長に伺いたい。定期点検のやり方と先生方のこの安全審査の進め方、今根本的に問われる問題を抱えていると思う。どのようにお考えなのか。

内田原子力安全委員長　事前にどうしてそういう勉強をしなかったと、お叱りを受けるのは誠に申しわけない。ともかく、破断の原因が単なる高サイクル疲労なのか、高サイクル疲労にしても、その発端とする原因が腐食なのか、流動現象なのか、あるいは加工の傷か、いろいろな原因が複数で起こった珍しい現象だろう。

やはり調査結果を見て、それが非常に一般的な問題を提供したのか、あるいは予防、保全によって防げる問題であったのかということなども、十分検討しなければ何とも申し上げることが現在できない。

吉井委員　今回の事故について、調査検討も必要だろう。しかし、今次々と出てくる原発の新設、増設、定期点検の後の処理について、今も先生は審査をしている。「そういう問題は分からないから、これからの結果を見て」と審査で言われたのでは、国民は安心して見ていられない。今この点検のやり方と、安全審査の進め方で、今回のギロチン破断だけでなく全般的に、今日の原子力安全委員会の安全審査の進め方そのものに根本的な問題があると、厳しく見なければいけない。

原発メーカーと規制側・安全委員のなれ合い

吉井委員 「蒸気発生器の信頼性実証試験に関する調査報告書」というのがある。この調査報告で、「日本の蒸気発生器細管は安全だ」、大体そういう結論を出されたメンバーに都甲先生が入っている。この先生は同時に、関西電力をはじめ電力会社の皆さんと一緒にいろいろ調査検討をされて、「安全だ」と言われて、その方が今度は原子力安全委員会に委員の一人として審査して、どうして「ここは問題がある」と言えるだろうか。やはり、日本の原子力安全委員会はもっと公正に、推進側の立場ではなくて、まさにチェック・アンド・バランスのチェックの機能を果たす、諸外国における規制委員会のような仕事をしてもらわないと困る。そういう気概を持って委員長に取り組んでいただかないと、本当に大変だ。

なかなか企業の方は正直だ。三菱原子燃料の他の論文も読んだ。『原子力工業』に書かれたもの。実はこんな事故になるとは思っていなかったから、三菱の日下部氏が蒸気発生器について書いている。「瞬時破断に至るまでにまず一部が貫通して微少漏えいを生じるため、事前の検知が可能である。したがって微少漏えいを検知した時点でプラントを停止すれば伝熱管破断事故は生じることはない」。まさに今度リークがあったのだが、プラントを止めなかったから破断になった。今、関西電力など電力会社にしても、メーカーにしても、根本的に考え直さなければいけない。行政側が厳しい行政指導もしなければいけない。原子力安全委員会が本当に客観的で公正な、国民が信頼するに足る検査をしなければいけない。審査体制を抜本的強化し、検討し直しが必要と思うが。

内田原子力安全委員長　安全委員会の職務は科学技術的な客観的な審査、評価をするに徹することと認識し、今後も今回の事故の教訓を十分体し、安全審査を厳重に進めたい。

２ 蒸気発生器細管で今も金属片の異常発生

関西電力は、2020年初めから蒸気発生器の中の熱交換する細管に異常が見つかり、それが細管内部の1次系冷却水に関わるものか、細管外部の表面の腐食やそのほかの異常によるものか、2次系冷却水の流れ方や流力振動などによるものか調べてきました。しかし、11月25日の報告では、高浜原発4号機の3台の蒸気発生器のうち2台から合わせて4本の細管に損傷が見つかり、「付着物」を蒸気発生器内で発見されましたが、異物がどこからどうして出てきたのか、どのようにして細管が傷ついたのか不明で、引き続き調査を続けるということでした。

原発老朽化とはこういうことが当たり前のように発生し、*そのまま運転を継続していると事故につながるということです。

3 美浜原発3号機で配管破断事故

2004年8月9日には美浜原発3号機で、第2次冷却水（発電機に直結されたタービンを回すための吸入側の高温高圧の蒸気）の乱流状態によって、タービン吐出側から復水器、そして蒸気発生器へ戻る下流側の配管が切削され、肉厚が極端に薄くなった所に、約10気圧の水圧がかかって破裂しました。噴出した140度の熱水で11人の労働者が気道火傷などの被害を受けて、そのうち5人が犠牲となりました。冷却水による切削、腐食をはじめ原発の老朽化が問題になってきています。その老朽化した原発を巨大な地震や津波が直撃した場合のことは、想定するのが当然のことです。

ＢＷＲの老朽化による脆性劣化を隠蔽

2006年5月12日の内閣委員会で、中性子照射による原発の脆性劣化（原子炉圧力容器の破損、制御棒ひび割れなど）を隠し続けていたことなどを追及しました。

吉井英勝委員　日本の原子力発電所も大体30年から40年経ってきた。原発は原子炉の圧力容器のなかで核燃料が核分裂反応をやっているわけだから、中性子がどんどん飛び交い、それによって連鎖反応が次々と起こっていく。そういう現象だが、中性子によって材料がたたかれることによって脆くなってくる問題がある。分かりやすく言うと、要するに、熱いガラスのコップの中に冷たい水を入れたらパリンと割れるように、脆くなるということはそういう意味だ。

「脆性遷移温度」の資料を配らせていただいた。原発の原子炉圧力容器に中性子が当たった時に脆くなっていけば、この脆性遷移温度がどんどん上がっていく。だから、こういうグラフは、少し端っこと端っこを斜めに向けに見てもらうと、大体の傾向として、ずっと右肩上がりになっていくのがよく分かってもらえると思う。これは片対数グラフだから、横軸の方は、中性子照射量が上の数字の下に1×10の16乗とか17乗、18乗と書いているが、要するに、中性子が1㎠当たりいくら当たったかという個数、それを横軸にして、その時に脆くなっていく度合い、つまり脆性遷移温度がどう変化しているかを、全部の原発ではこんがらがってややこしくなるから、沸騰水型では敦賀1号、福島第一原発1号機、あと、加圧水型では関電美浜1号、2号、大飯1号、2号、九州電力の玄海1号についてプロットしたのがこのグラフ。その基になるデータが下にある表。

加圧水型原発については、高速中性子が、要するに、今言った圧力容器の壁、炉壁など、母材に照射されることによって、中性子が当たると金属格子がきちっとした組み合わせのところからずれるものだから、格子欠陥と言うが、これが生じる。そうなると、緊急事態発生時などに原子炉の急冷を行った時に、金属が脆くなっていて熱衝撃などに耐えられなくなる問題、つまり、原子炉が壊れるという問題を抱えてくるのが原発の老朽化だ。

沸騰水型原発の場合には、3年ほど前に東京電力の不正事件で明らかになった。炉心隔壁と言われるコアシュラウドというのが中性子を遮へいする役割を果たしているから、ある意味では、圧力容器の壁に中性子が当たる比率が加圧水型に比べると2桁から3桁は低い数字になっている。つまり、照射量が少ないことになるわけだが、いずれにしても、その場合は、コアシュラウドが中性子を次々と浴びて脆くなってくる、ひびが入りやすくなるという問題が出てくる。

制御棒に関しても、あるいは燃料被覆管の被覆材の方で、燃料体の被覆管などでもそういう問題は本来起こり得る問題。最近も、東京電力をはじめとして、ハフニウムの制御棒の制御板にひびが入ったというのは、そういう中性子が次々と照射されることで起こった現象だ。

そこで、最初に政府参考人に伺うが、脆くなる状況を示すこの脆性遷移温度がどんどん上がっていって、美浜1号だと74℃、美浜2号で78℃、高浜1号で88℃、大飯2号で70℃、玄海1号で58℃となっている。いずれも、運転開始前はマイナス数℃とか、あるいはマイナス30℃ぐらいが脆性遷移温度であったから、やはり30年、40年近く運転することによって、脆性遷移温度がうんと上がってきているということをまず読み取らねばいけない。脆くなってきている問題に、真剣に取り組んでいかなければいけない。まず最初に、この数字などを含めて少し確認をしておきたい。

脆性劣化—脆性遷移

広瀬研吉資源エネルギー庁原子力安全・保安院長　ご指摘の脆性遷移温度の上昇では、高経年化に伴う主要な劣化事象の一つである中性子照射脆化によるものであると認識している。核分裂により発生する中性子が長期間にわたり圧力容器に照射されることにより、破壊靭性が徐々に低下されるもの。これについては、炉内に装荷した監視試験片を取り出し、強度試験を行うことにより健全性を確認している。

吉井委員　健全であるか、大分危ないと思って注意しなければいけないかを確認する試験片がある。申し上げた数字は、これは絶対値。どれぐらい脆くなったかという点では相対値で見た方がいい。これは、資料の下の表の、それぞれのものの。ゼロというのは装荷した時だから、運転前だから、一番新しい数字が一番大きい数字として、美浜1号にしても2号にしてもみんなこの差をとればいい。そうすると、この相対値で見た時に、美浜2号では81℃、大飯原発2号では88℃、玄海1号では72℃など、上昇が非常に大きい。

だから、そういう点では、絶対値も高くなっているが、相対的に見ても、かなり日本の原発も長期に運転してきて、材料の面では脆さについて真剣に考え、取り組んでいかなければいけない問題を抱えてきている。

広瀬原子力安全・保安院長　ご指摘のように、沸騰水型と加圧水型を比べた時に、加圧水型の原子炉の方が中性子照射量が多くなる傾向にある。

また、この表にある各炉で、沸騰水型と加圧水型があるが、材料の中に含まれる不純物によっても脆性遷移温度の上昇傾向が変わってくる。一般に、不純物の含有量が多いほどその傾向が大きくなると言われているので、このような中性子照射量、また材料の不純物の量などをこれからしっかり管理していくことが重要だと考えている。

吉井委員　今おっしゃった沸騰水型だと、さっき言ったように、炉心を取り巻いているコアシュラウドという炉心隔壁があるから、直接的には、原発の圧力容器に当たる中性子の量は加圧水型に比べて2桁、3桁低い。

ところが、このグラフの左端に近い方をご覧いただくとよく分かるが、沸騰水型の敦賀1号は、下の方は確かに低いが、これもどんどん使用しているうちに高くなってきて、50℃を超えてきている。福島第一原発の1号機は0・1というところ、1×10の18乗個で見ると、急速に、わずかの調査期間にぐんと上がっている。

実際上、データというのはばらつきもあるから、それだけで決めつけて物を言うわけではないが、この傾きのまま行くと、比較的近い時に調べた際には、さらにぐんと上がっていくということになると、NRCがきちんとした解析をしなければいけないと言っている華氏270度、摂氏132度というところ、摂氏100度のちょっと上のあたりにすぐ到達をする。沸騰水型原発の場合であっても圧力容器の脆化がコアシュラウドの問題だけでなしに進んでいる。加圧水型だけでなくて沸騰水型についても、この脆化の問題は深刻に受けとめる必要がある。

広瀬原子力安全・保安院長　ご指摘のように、中性子照射脆化による遷移温度の上昇については、運転管理の面でも十分対応していくことが必要だと考えている。とくに脆性破壊に厳しくなるのは、運転中あるいは事故時に低温かつ高圧力になることであり、ご指摘の沸騰水型原子炉についても、とくにそのような状況になる事態、例えば、原子炉圧力容器の耐圧試験時によく注意をすることが必要になると考えている。

吉井委員　圧力容器だけの話で見ていたが、私はあまりいろいろ書き込むとややこしくなるから省略している。3年ほど前、東京電力のコアシュラウドのひび割れ問題。このデータは実はこれで見ると、今度は右端の方から一つこっちに1という数字があるが、これは中性子照射量が1×10の19乗個／㎠というところ。上から美浜1号、美浜2号、大飯2号、玄海1号、大飯1号と縦型に大体並んでいる。実はこのところで、1・83×10の19乗個。東京電力は福島第二原発3号機で、溶接線ナンバーH2というところでひび割れを起こしている。

その一つだけではないが、その周辺で、今までは圧力容器についてこの程度なら大丈夫だろうと思っていた領域で、実は中性子照射が非常に多いものだから、東京電力のコアシュラウドではひび割れが起こっていたと、いくつも観測された事実の問題としてある。

広瀬原子力安全・保安院長　ご指摘された東京電力の福島第一・4号機、第二・2号機、第二・3号機、第二・4号機、また柏崎刈羽1号機のシュラウドの溶接線は、それぞれ場所が異なっているが、その溶接線のところで中性子照射によるものと思われるひびが生じている。

このひびについては、それぞれの状況に照らして、破壊力学的評価を実施している。

吉井委員　コアシュラウドで1・83、つまり大体2×10の19乗ぐらいの照射量のところで、いくつもの沸騰水型原発でひび割れが起こった。

参考人の方に引き続いて伺うが、外国の研究事例に基づいて、中性子照射量が1㎠当たり3×10の20乗個以上になると、コアシュラウド、炉心隔壁の材料であるステンレス鋼に脆性劣化が起こることを、2002年8月29日の原子力安全・保安院の「東電原発の不正事件の安全性への影響について」という報告のなかで示している。

外国の研究事例にしても、そして保安院自身が考えているものにしても、中性子照射量は、すでにコアシュラウドで起こっているが、ステンレス鋼でも脆性劣化がかなり深刻に起こってくる。このことを国はつかんでいるか。

広瀬原子力安全・保安院長　先生ご指摘のように、炉心シュラウドへの中性子照射量が㎠当たり3×10の24乗個以上になると、炉心シュラウドの材料、ステンレス鋼は、脆化するという海外からの情報を確認している。

このような中性子照射による脆化に対して、いろいろなことを今取り組もうと考えている。その一つとして、やはり監視試験のデータを増やしていく。中性子照射量が今後増えてくるので、監視試験のデータを増やしていくことを考えたい。そのために、炉心の中の監視試験片を再生することなどに取り組んでいきたい。また、一方では、この脆性遷移温度の上昇に伴う脆化に関する評価のやり方を最新の知見に照らしてもっと向上させていく。

吉井委員　この中性子照射による原発の脆性劣化の問題は、かなり深刻だということを受けとめていることはよく分かった。

単位は1㎡当たりは24乗個だが、1㎠当たりにすると10の20乗個。単位だけは合わせておいた方がいいと思う。

先ほどのグラフで、大体プロットしてある点をずっと逆に上の方へ延ばしていくと、どういうことが分かるか。延ばしていった時に、一番右端の線に接するあたりで華氏２７０度。、もうちょっと上の方に、１００度の上に線を引っ張ったらよく分かる。摂氏１３２度の線に大体接してくる。アメリカではＮＲＣが、「脆性遷移温度が華氏２７１度、摂氏１３２度以上になると詳細な安全解析を行え」と指示している温度。それぐらい原発の老朽化、脆性劣化は深刻だというのがアメリカの原子力規制委員会などの指示。

すでに炉心隔壁、コアシュラウドではひび割れが生じているし、ほどなく脆性遷移温度も上昇して、１３２℃というＮＲＣが安全解析を指示しているラインに近づいてきている。ＮＲＣはどういう安全解析を求めているのか、日本はどういう実証試験をやっていこうと考えているのか。

つまり、物事というのはデータを取ればいいだけの話ではなくて、実際にそれが大丈夫なのかどうかだ。試験片をもっと密に調べるというのも大事。なかには17年間全然試験をやっていない炉もある。きちんと密に調べるのは、当然必要。

それとともに、どのように安全かどうかを実証するか。17年1か月やっていない伊方2号で、どのような実証試験をやっていくのか。アメリカがどういう安全解析をやっているのか。こうしたことを明らかにしたうえで、日本として、老朽化した原発が本当に安全かどうかきちんと実験によって実証し、確認することが大事だ。

広瀬原子力安全・保安院長　中性子照射脆化による影響として厳しいものは、ご指摘のように、加圧水型原子炉の加圧熱衝撃事象。低温で高圧力になる事態になるわけで、この加圧熱衝撃事象に、内圧が高い状態で原子炉容器の内面が急冷され、容器の靱性が急冷によって低下して、内圧と熱応力による高い荷重が発生する事象が、最も厳しい事象と想定している。この想定に対し、現在まで得られている監視試験のデータなどを用いて十分安全性を評価していくことが必要。

現在まで、我が国では9つのプラントの中性子照射脆化の予測と監視試験データの突き合わせをしており、とくに加圧水型原子炉については、この予測がほぼ一致をしている。今後さらに、このような評価手法を向上させていきたい。

吉井委員　高温・高圧の状態から原発を止める時にトラブってはいけないので、緊急炉心冷却や急冷することもあるから、それに持つかということももちろん大事。

その実証試験も必要だが、実際にこれだけ脆性遷移温度が上がってきた、劣化してきたというか、老朽化してきた原発を、日本は地震国だから、大規模地震の時に持つかどうかについてちょうどいい装置が実はあった。「あった」と過去形にするのは非常に残念だが。

財団法人原子力発電機構が四国の多度津に大型の振動台、起震台を持っていた。スクラップにして完全に解体してつぶしてしまった。脆化した、老朽化した原発の各機器について、何か大型振動台を使って耐震性の試験、大型地震に相当するものが来ても脆性劣化した部分は大丈夫だという試験を行ったデータがあるのか。

広瀬原子力安全・保安院長　多度津工学試験場の大型高性能振動台を用いた振動試験について、これまで行った試験のなかに、高経年化したものを実際に用いた試験は行っていない。

吉井委員　4年前の2002年4月8日の決算委員会で、当時の佐々木保安院長が、原発の最終耐力、地震が起こっても大丈夫かという耐力を、きちんとこの振動台などを使って実証する必要があると答弁していたが、それ以降も、結局一つも実験、実証しないままスクラップにした。あわせて伺うが、通常の軽水炉と、すでにもう中性子で脆化しているなかでプルサーマルだといってプルトニウム燃料を燃やすこと、その場合で発生する高速中性子の数はどのように変化すると見込んでいるか。

広瀬原子力安全・保安院長　プルサーマルでのＭＯＸ燃料の使用に伴なって、プルトニウムの熱中性子の吸収がウランよりも大きいために、高速中性子束が若干増加をすることになる。原子炉容器などの中性子照射による脆化についても若干の影響が考えられるが、高速中性子の増加量は数％程度であると見込んでいる。

実際には、ＭＯＸ燃料の炉心内の配置による影響が大きいために、一概にこの増減を論じることはできないと考えているが、先ほど申し上げたように、ＭＯＸ燃料を用いた場合でも、原子炉容器内に監視試験片を入れて定期的に取り出し、設備の健全性を確認していきたい。

吉井委員　私も、データというのはどこでも一様とは思っていない。試験片にしても、置いてある場所によって当然データにばらつきが出てくる。そのことは分かったうえで、大体プルサーマル利用で5％ぐらい増加する。なぜそういうなかで、安全の証明もなしに、脆性劣化している老朽原発でプルサーマルをやろうとするのか。

安達健祐資源エネルギー庁電力・ガス事業部長　我が国の原子力政策の基本であるプルサーマルを含む核燃料サイクルの推進は、エネルギー資源に乏しい我が国にとって、エネルギー安全保障や地球環境問題への対応を考えるうえで不可欠な取り組み。

吉井委員　日本の原発のなかで、30年、40年と運転してきて、脆性劣化が進んでいる。中性子をもっと増やすプルサーマルに走ったら、さらに危険を増す。

松田岩夫科学技術政策担当大臣　吉井委員ご指摘のとおり、原子力施設の安全性、プルサーマルも含め、あるいは地震に対することも含め、安全性を確保していくのは、一番大事なことだと思う。とくに、高経年化にかかわる安全問題も極めて大事。今日、委員のお話をよく承った。その意を踏まえて、さらに努めたい。

4 データ改ざん、不正報告、なんでもありの東京電力

1988年と1989年3月29日の参議院科学技術特別委員会で取り上げた2F3（福島第二原発3号機）の炉内金属片流入を解明なしにうやむやにしたこと、2002年に発覚した東電各原発での炉心隔壁の傷の検査データ隠蔽と改ざん、2011年につながる地震・津波予測の検討事実の隠蔽など、原発に取り組む東電の姿勢が酷すぎます。

2F3の原子炉冷却水の循環系ポンプ破損

吉井英勝委員　3月3日の予算委員会で内田原子力安全委員会委員長より、（1988年の）東電福島の事故の件について、原子炉施設の安全上重要な機能破損に端を発したもの。重大な事故と認識と答弁。具体的にどういう問題ありというご意見か。

内田秀雄原子力安全委員長　福島第二の3号炉の事故は原子炉施設の冷却水の循環系のポンプの破損。放射能の放出はないが、施設の健全性を損ねた重大な事故と認識。

吉井委員　科学技術庁長官も、これは安全上重大な事故であったという認識か。

宮崎茂一科学技術庁長官　大分重大なトラブルだとの意見が多いから、重大なトラブルだと認識。
吉井委員　再循環ポンプの破損の事故は、昨年2月の浜岡原発1号機の場合、ポンプ2台同時停止、あれは電気トラブル。1分間は暗やみ運転、状況が分からずに運転。最悪の場合にはポンプが機械的に破損で停止となると、循環そのものがうまくいかなくなる。その場合、安全上どういうことが懸念か。
内田原子力安全委員長　原子炉安全の解釈の問題として、放射能の放出に結びつく安全の問題と、原子炉施設を運転する信頼性を損なった信頼性の問題から安全の問題がある。循環系のポンプが仮に瞬間的に停止しても、原子炉の安全の問題としては重大なことにはならないと、設置許可の審査の段階で確認。放射能の放出に結びつくという意味での安全の問題からは、循環ポンプの破損、停止は大きなことではない。

海外の経験から教訓得たか

吉井委員　循環ポンプ停止、当然冷却水が流れない。最悪の場合、どういう事態を懸念されるか。
内田原子力安全委員長　TMI事故は冷却水が喪失した事故。今回の事故も、浜岡原発の循環ポンプ停止でも、冷却材の喪失ということでない。流量が減ったということで、問題ない。
吉井委員　TMIの場合も冷却水喪失だけでなく、冷却水を入れていくなかで、例えば水素発生など圧力低下を来して、ある時、明らかに液面低下で炉心燃料体上部が液面上に出てしまう問題があって、冷却が不十分になった。循環ポンプが止まるといろんな場合が想定される。かなり安全側に設計、配慮したことは分かるが、一応懸念されるべき事態の一つだ。

内田原子力安全委員長 循環ポンプが停止、あるいは一部破損に続いた事象として、他の安全装置が働かなかった、あるいは冷却水の喪失を考えれば問題は別。ＴＭＩでも、ご存じのように、炉心が露出したということは、これは冷却水が喪失され露出した。

吉井委員 （非常用炉心冷却装置や1次冷却水ポンプを停止するミスを犯し、原子炉の水位が低下して原子炉が空だき状態に。冷却水蒸気とジルコニウムの反応による）水素ガスの発生（水素爆発）その他による液面低下。別な現象の場合、ボイドの発生によって燃料体の上部が沸騰（高温蒸気に覆われる）状態に置かれる場合だって同じ問題だ。

炉心本体に約30キロの金属片が流れる危険

吉井委員 燃料体の中に金属片が入り、調査中だが、燃料体が損傷するか心配はしないか。

内田原子力安全委員長 燃料体がもし大きく破損するか、穴が空いたのであればヨウ素が冷却水の中に見られ、検出できる。詳しくは通産省からお話しいただきたい。

吉井委員 ピンホールが完全に空くとか、燃料体の損傷そのものが、そこを中心にしてクラックを生じたり、大きな問題に発展する。燃料体の損傷の可能性を軽く見ては困る。

ポンプの異音というのは、今回と同じ福島第二原発で1号機の方では、１９８４年11月8日にポンプのリング約１００kgが脱落して、ポンプの羽根車の上に乗っていた。

三角逸郎資源エネルギー庁公益事業部原子力発電安全管理課長　福島第二の1号機（ＢＷＲ型、定格出力１１０万kW）が、定期検査中、原子炉の再循環ポンプＡで、最終のポンプを動かす段階で異音の発生を認め、分解点検した。水中軸受けリングの溶接部にひび割れ。約半分が脱落しておるのを発見。水中軸受けリングの溶接部に明らかな溶け込み不良があり、ポンプ内の（水の）圧力変動により、疲労による割れが生じたと判明。

吉井委員　１９８４年事故ではポンプの異音、異常振動を確認して、調整運転中だがポンプの異常、異音は原子炉の安全上問題ありと即時停止して点検した。今回と同じ問題を起こした時、「ポンプで異常確認されると、即時停止・点検」という異常時のマニュアルがなぜできなかったか。

三角原子力発電安全管理課長　ポンプモーターの振動が大となった時、ポンプの回転数などに必要な措置を講じた。

事故マニュアルはなし

吉井委員　ポンプの異常を確認して段階的に停止というが、１９８８年1月事故の「原子炉再循環ポンプ（B）振動の推移」というチャート（記録紙）を見た。1月1日の異常発生、19時2分と19時19分の2回ブザーが鳴っている。明らかにチャートは異常を示している。異常という認識はお持ちか。

三角原子力発電安全管理課長　ご指摘のように、1月1日19時2分、それから19時19分に警報が発声。中央制御室ではつぶさに承知しながら推移を見た。この過程、1月2日、3日、4日、不安定な推移をした。電力のその時の判断は、ご指摘のように、1号機の方で同種のトラブル、損傷が2回あったことも勘案し、その時点で慎重な対応をすべきであった。

吉井委員　電力側の方で不安定に推移した、同種の事故が過去に2回もあって、その時点でなぜちゃんと対応しなかったのか、（通産省の）意見を今おっしゃった。

不思議なのは、1月5日に通産省の運転管理専門官は、この原子炉に出勤していた。運転日誌とチャートも見た。これを見てなぜその時点でシャットダウンすべきと指示を下さなかったのか。通産省本省もサイトにいる運転管理専門官も、運転日誌を見ても、チャート見ても何も感じなかった、指示しなかった。おかしいと思う。

三角原子力発電安全管理課長　1月5日の時点、我々の方に東京電力から1月1日のPLRポンプ、再循環ポンプの異常振動について報告があった。我が方から東京電力に2点を指示。その時点では先生ご指摘の「すぐ止めなさい」という指示はしていない。

吉井委員　このチャートを見て安定になったと判断されたのか。このチャートの針は飛んでいる。1時間の平均値だって随分飛んでいる。安定という判断はおかしい。なぜシャットダウンをその時点で指示しなかったのか。なぜ安全上、問題ありという対処をしなかったのか。

三角原子力発電安全管理課長　1月5日の時点については、詳細な状況の把握を行うようにと調査の指示にとどまって、……ご理解願いたい。

吉井委員　詳細な調査をするためにも安全上問題あるのだから、シャットダウンしなさいとなぜ指示をしなかったのか。

三角原子力発電安全管理課長　オペレーションマニュアル（運転操作手順書）については、再循環ポンプの振動が大きくなるような警報が発生した時のマニュアルは、東京電力の側で、「運転操作警報発生時の取り扱い」として定めてあるが、そこには、「すぐに止めなさい」という前に種々の確認をマニュアル上決めている。

吉井委員　それは通産省の指導か。東電のマニュアルだろう。私はあなたの指導を聞いている。

三角原子力発電安全管理課長　東京電力が運転操作上の警報発生時のマニュアルとして定めておるもの。

吉井委員　東電のことは東電に聞く。私が聞きたいのは、通産省の側に、ポンプの異常時にはこういう要素があればシャットダウンに移りなさいという、異常時に対応するマニュアルを持っているか、それに基づいてひな形になるマニュアルを作って指導しているかだ。結局、今ない。

核燃料損傷につながる炉内の金属

吉井委員　次に、金属片が炉心本体に流入しておった問題は、燃料体損傷の危険が生じた問題として重大。先日調査に入った関電の大飯原発などでも金属片が入っていた。そして今回の東電福島の事故だ。炉心本体に金属片などが、ポンプが破断して先の鋭敏なものが流れ込むこと自体が安全上重大。原子力安全委員長の認識を伺う。

内田原子力安全委員長　破損した破片が炉心に流入したことは、その破片がどのような燃料なり冷却系に影響を及ぼすかという安全評価をする必要がある。

吉井委員　もちろん、安全評価は一つひとつについてやっていただきたい。ただ、ＴＭＩの事故からちょうど10周年。ＴＭＩからどんな教訓を学びとってきたのか。ポンプが止まって循環が止まることは、安全サイドで設計をしていたにしても、懸念されるべき、いろんな重大問題がある。一つは、炉心本体に金属片などが入って、炉心本体に影響を及ぼす。ポンプのインペラーを壊してしまう問題とか、重大な問題が出てくる。東電も通産省も、あのＴＭＩの教訓から実効性ある対応策を作っていたか、今問われる。

ＴＭＩからの教訓からして、日本の原発は安全だという「安全神話」に立つのでなく、今回の東電の事故に見られるように、たくさん問題を抱えている。安全評価の問題だけでなしに、炉心本体の損傷問題、ポンプ事故が重大な事故に至るものだという認識を持って、これからの対策を進めていただきたい。最後に委員長と科学技術庁長官のご見解を伺う。

内田原子力安全委員長　原子力の安全の確保として、一番大事なことは予防保全に徹すること。異常事象の前兆があったならば、それに対する適切な対応をして、予防保全を貫くということが大事。そのように行政庁、それを通じて産業界に指導していきたい。

宮崎科技庁長官　原子力の研究開発を進めるためには、安全性の確保に万全を期すことが大前提。過去に起きたいろんなトラブルを参照しながらやっていただく。

5 内部告発も東電に漏らす経産省

国の法律によって「内部通報者保護法」というのがあります。アメリカでは「ホイッスル・ブロワーズ法」（笛を吹く人を護る法律）と呼ばれるものが、日本より早くに作られてきました。

1986年から2001年まで長期にわたり、東京電力は原発の点検を請け負ってきたGE（ゼネラルエレクトリック）社の子会社であるGEII社が、圧力容器内に取り付けられる「コア・シュラウド」（炉心隔壁）に傷があるのを見つけて東電に何回も報告したのに、東電は2年間も対応しなかったので、この傷が放置されてきました。そこで点検した内容を経産省に「内部告発」して、原発の異常な問題を報告して警告を発したのですが、経産省は甘い対応で、この東電のデータ改ざんを調べて正そうとはしませんでした。それどころか、経産省に原発部品の欠陥を伝えた事実と内部告発者の氏名を東電やGE社にばらしてしまうという事をやりました。

原子炉の中心部分にあるコア・シュラウドで高速中性子の衝突の繰り返しでできた傷は、13基の原発のなかで、8基では点検記録が改ざんされ、修理や部品交換もしないまま運転を継続していたことが明らかになりました。原発が老朽化するというのは、この例のように脆性劣化をきたしていることや腐食や亀裂が進行していることを意味しています。

＊【金属片が原子炉内に流れ込んだ事故例】（1980年代で見ただけで5回以上発生）

1981年9月19日　関電大飯原発1号　金属片が炉心本体に入っていた
1984年11月8日　東電福島第二原発1号　ポンプのリング約100kgが脱落
1987年5月　日本原電東海第二　燃料棒そのものにピンホールが見つかった
1987年7月11日　関電高浜原発1号　金属片が炉心本体にもに入っていた
1987年12月17日　関電大飯原発1号　金属片が炉心本体に入っていた
1988年1月1日～5日　東電福島第二原発3号　金属片が炉内を還流

第II部

国会と司法での「原発安全神話」との闘い

第5章　原発の安全性をなぜ調べないのか

原発の圧力容器などの鋼鉄の材料に、長期間の運転中に高速中性子照射を受け続けることによって脆性劣化が進むなど材質に変化が出てきます。このほかにも、材料の強度を低下させ、原発の耐震性に影響を及ぼす可能性があるものとして、疲労、腐食、応力腐食割れ、熱時効、コンクリートの強度低下を挙げて、資源エネルギー庁が「原子力発電技術顧問会」に「高経年化対策検討会」を置いて「高経年化に関する基本的な考え方」をまとめるようにしたのが1996年4月のことでした。

1　老朽化原発が地震直撃で大丈夫か？

当時は稼働から20年前後の原発が多かったのですが、今では40年前後の原発がほとんどです。これら老朽化（「高経年化」と電力や国は表現しています）原発が、強い地震の直撃を受けるとどうなるか、実物（または2分の1とか、3分の1という縮小したスケールのもの）を含めて実証実験を行うことが必要です。その装置が香川県多度津町にありました。

原子炉の耐震性を確認する実験装置

原発の安全性を確認するうえで大事なのは、それまでの実験などで得られた数値を基にして作られた「実験式」や「経験式」を使って、コンピューターをはじいて出してきた値が「安全と思っている範囲内」に入るかどうかではありません。

これを一つの参考数値としながらも、できるだけ実機に近い装置を振動台などに載せて、大きな力を加えて、実験で確認することです。そのために、「原子力試験工学センター」が１９７６年に設立されて、２００３年10月にＪＮＥＳ（原子力安全基盤開発機構）の中に組み込まれてからも、名称変更から２００７年に解散されるまで存在しました。

この大型振動装置は15ｍ四方の振動台の上に試験体を載せて、１５００ｔのものに4～17ヘルツで２０００ガルの加速度で力を加えて、試験体の耐震設計手法の妥当性や地震時の設備の健全性が保たれるかどうかなどを調べるものです。阪神大震災の7倍の地震、６０００ガル相当の揺れを作り出せるものでした。実際に、加圧水型原発の格納容器を3分の1くらいの大きさに縮小、沸騰水型原発の圧力容器を2分の1くらいに縮小したものをこの試験台に乗せて、地震動を加えて試験しました。

この装置を捨てたのは、老朽原発の健全性を確認することなく、原発再稼働を進めても「安全だ」と叫ぶ過去の「安全神話」に戻ることになります。今、電力会社と政府は、老朽化した原発の再稼働を狙っています。老朽化原発が巨大な地震動に直面した時に、原子炉本体はもとより重要な付属施設・機器類は壊れないか、地震に伴う津波に襲われた時に、原発事故と放射能汚染による危機に地域の住民を巻き込むことはないとでも言うのでしょうか。

「多度津の振動台があったから大丈夫」という言い訳はもうできません。振動台を売却処分したからです。そして何よりも、2011年3月11日に東電福島第一原発で、原発事故を起こしてしまった事実が、「地震・津波が来ても大丈夫」などということを許さない事実を示したからです。

「試験しているから日本の原発は大丈夫」

1995年2月1日の衆議院予算委員会で、川田洋輝資源エネルギー庁長官は、「原子炉容器、原子炉格納容器などの重要なものにつきましては、四国の多度津に世界で最も大きい大型振動台を持っており、そこで実地の加振試験を加えて安全性の実証をいたしておる」ので、日本の原発は大丈夫だと、大見得を切りました。

小泉総理に質問主意書

原発の老朽化が進んで、事故やトラブルが相次いでいるなかで、本当に香川県多度津の大型振動装置は活用されているのか、２００５年10月31日付で、小泉純一郎総理大臣に、「原発の危険から国民の安全を守ることに関する質問主意書」を出しました。その内容の一部は、以下のとおりです。

―原発の老朽化が進行する下で、巨大地震災害と重なった時、どのような事態が発生するかについて、予め検討することが原発の危険から国民の生命と安全を守るうえで最も大事な課題である。運用開始後30年経っている老朽原発の、巨大地震発生時の安全性の検証は、多度津の起振台を使って実証試験を行うことにより、これから解明されていかなければならない問題である。

多度津の施設は、「年間約10億円の維持費がもったいない」として、すでに今年（２００５年）になってから、運転を中止している。来年度には（装置を）運転してきた「原子力発電機構」を廃止して、世界的にも最高水準をいく起振台も解体・撤去してしまう動きが強まっている。

と問題を明らかにしました。

２００５年10月19日の内閣委員会において、鈴木篤之原子力安全委員会委員長代理は「実際の機器に近いものを試験してみるということは大事なこと」と答弁したうえで、国が財政上の理由で廃止しようとしている。試験できないならコンピューターによる「解析などを駆使して、安全をいろいろな角度から確認する」と答えました。

私は、「老朽化の進む原発の機器類を起振台に乗せて、実物で実証試験を行うことは、巨大地震に備える原発の安全対策にとって欠かせないことではないのか。原発の持っている危険から国民の安全を守ることは、政府の第一義的責務ではないのか」。「来年度以降も引き続き多度津の起振台を運用して、老朽原発の巨大地震対策に必要な実証試験を行う考えに立つべき。政府の見解を問う」と続けました。

これに対して２００５年11月11日の小泉純一郎総理の「答弁書」を見ますと。

―必ずしも多度津振動台を用いた実物大の試験体による試験を行わなくても、他の研究機関の試験設備による試験及びその試験結果のコンピューター解析で、安全上重要な設備の地震時の挙動を把握することが十分に可能であると考えており、今後、多度津振動台を用いた御指摘のような試験を行う考えはない。

と、老朽化した原発が強い地震動に耐えられるかを実証試験で確認することを放棄してしまいました。

② 地震国でも「安全」とした多度津試験装置

2006年3月1日の衆議院予算委員会分科会でも、多度津実証試験装置を取り上げました。

吉井委員　日本の原発は地震国でも大丈夫としてきたのは、多度津で実証試験を行っているから「大丈夫だと実証されている」というのが、日本の原発政策、エネルギー政策のなかで「安全」を主張した大きな根拠だった。長官、どうか。

小平信因資源エネルギー庁長官　多度津の大規模試験施設では、この間にさまざまな試験を行い、ご指摘の耐震などの確認を行ってきた。この試験所のデータを活用することで、最近のコンピューターによる解析などの発展で十分に地震時の挙動を把握することが可能になった。現時点では、23年間使った施設によらずとも試験ができる状況になっている。

吉井委員　「日本の原発は安全だ」という政策推進の根底には、多度津の試験装置（世界一の装置）で実証してきた（という主張があった）。けれども、まだ使っていない原発の機器類を置いての話。現実の原発設備は、腐食も進み、熱や、圧力の繰り返し加重の問題や、疲労によって随分老朽化が進んでいる。実際に、ＥＣＣＳのバルブの弁棒破損や、余熱除去系の配管が爆発して壊れてしまったり、制御棒そのものに亀裂が入ったり、制御棒のガイドローラーが壊れたり、それから制御棒を駆動する水圧系配管に穴があいてしまうとか、いろいろな問題が出てきている。老朽化した（原発機器）のきちんとした、事故になる前に、実機試験をやっておくことが非常に大事な意味を持っている。

兵庫県にできたＥ―ディフェンス（新設の振動実験装置）は、新しいものは試験しても、原子炉のなかで使ったものは放射化されているから、放射線管理区域を設けてしか次々と実験できない。せっかくＥ―ディフェンスを作って新しい装置のデータを取るのだったら、老朽化した原発機器は多度津で実機試験をやるべきだ。鈴木原子力安全委員長代理は、昨年の秋の内閣委員会では、「やはり実証は大事だ」と答弁していた。政府参考人に伺うが、腐食や亀裂や破断の発生を、直前に近い状態、つまり、老朽化したものの実証試験を行ったことはどれぐらいあるか。

広瀬研吉原子力安全局長　多度津を使った試験は、合計21件。（吉井委員「老朽化したもの」）……老朽化した原発についての実証試験は行っていない。

振動装置は10億円惜しんで破壊

吉井英勝委員　30年、40年と運転してきて老朽化している原発の安全性は最初と全然違う。中性子照射による脆性破壊の問題とかいろいろ出てくる。だから佐々木原子力安全・保安院長は、かつて、「重要機器の最終体力をきちんとこの多度津で確認をしておく」と言っていた。ところが、今の答弁では、全然確認できていない。

だから、（多度津の試験装置を）管理区域にして老朽化したものを実機試験する大事な時に、この施設は建設する時、310億円の施設を国が145億円、半分補助して、国民が税金を出して作った装置だが、昨年の秋、2億7700万円でたたき売りしている。

買い取った今治造船は、そういうことをやる専門会社ではなく、倉庫に使うところで、解体、スクラップに。世界一の装置がこんなことになってしまった。年間わずか10億円の、維持する技術屋の給料を節約しなければいけない、行革だと言って切った。しかし、年間1000億円近い原発立地地域三法交付金からすれば、10億円ぐらい安い。（多度津の試験装置を）管理区域にして老朽化した原発を実機試験する大事な時に、この施設は、2億7700万円でたたき売りだ。

小平資源エネルギー庁長官が「この試験所のデータを活用することにより、最近のコンピュータ―による分析などの発展で十分に地震時の挙動を把握することが可能になった。現時点では23年間使いました施設によらずとも試験ができる状況になっている」と答弁したのが2006年3月1日でした。

その翌年2007年7月16日に新潟県中越沖で発生したM6・8、震度6の地震で、柏崎刈羽原発（合計7基）が原子炉の外に併設した変圧器火災や原子炉建屋内の核燃料交換用クレーンの破損など3600か所の損傷が発生しました。2011年3月11日にM9、国内史上最大の東日本大震災の直撃で、東京電力福島第一原発では地震による外部電源喪失などの被害と、それに伴う津波による内部電源喪失で炉心溶融、水素爆発に至ったことは周知のとおりです。

3 ひび割れのある原発も試験せず

私は先述の小泉総理への質問主意書で、四国電力伊方原発のコンクリートでできたタービンの架台が「コンクリートーアルカリ骨材反応」によって幅10㎝くらいの大きなひび割れができていることについて、多度津の振動台で試験した結果はどうかと問うています。これへの小泉総理「答弁書」では、

―ご指摘のタービン架台については、財団法人原子力発電技術機構の多度津工学試験所の大型高性能振動台（以下、「多度津振動台」と言う）を用いた試験は行っていない。また、お尋ねのM7クラスの地震動によってもタービン架台の亀裂の進行がないかなどの確認については、これまで行っておらず、また、その計画はない。

このあたりのことを、次章で詳しく見る福島第一原発事故損害賠償請求事件の裁判での原告の「準備書面」で次のように紹介していただいています。

（4）の②について

ご指摘の機器について、多度津振動台を用いて、老朽化を条件とする試験は行っていない。

（4）の③について

必ずしも多度津振動台を用いた実物大の試験体による試験を行わなくても、他の研究機関の試験設備による試験およびその試験結果のコンピューター解析によって、安全上重要な設備の地震時の挙動を把握することが十分に可能であると考えており、今後、多度津振動台を用いたご指摘のような試験を行う考えはない。

というもので、「行政改革」「規制緩和」を名目に安全や科学的研究・思考が潰されました。

この深刻な問題は、最近も、「核燃料加工工場の鉄筋3100本腐食か　工事再開前に判明」と青森県・六ヶ所村にある施設で発覚した（「毎日新聞」2020年11月13日付）コンクリートの分厚い、頑丈そうに見える施設が、巨大地震に耐えられるのか、改めて問われています。

第6章　訴訟で追及された福島原発事故の責任

福島第一原発事故損害賠償請求事件の裁判で、原告である被害者の側から、２０１４年７月11日付で千葉地方裁判所に送付された「第22準備書面（国会審議に見られる被告らの義務違反）」を見ておくことにします。この論点は各地の裁判のなかで活用していただきました。

1 仙台高裁判決に先立つ原告団の取り組み

２０２０年９月30日に仙台高等裁判所で、２０１１年３月11日の東京電力福島第一原子力発電所の爆発と放射能汚染によって、住宅と住み慣れた郷土から追い出され、仕事も、商売の道も、田畑も奪われた被害者に対して、国と東京電力には責任があり、損害を賠償せよという「生業を返せ、地域を返せ！」福島原発事故訴訟に、初めて上級審で「勝利判決」が下されました。

この裁判の拡大審理と判決のなかで、原発事故が発生するに至る「予見可能性」と、その結果引き起こされる事故を防ぐための「シビアアクシデント対策」を怠っていたことについて、被告である国と東京電力の責任を問うています。

② 原発事故対策に必要な送電線

福島原発事故の原因の一つは、最初の地震の一撃で「夜ノ森線」と呼ばれていた送電幹線を支える送電鉄塔が倒壊して、停止した原発の炉心冷却に必要な冷却水を供給するためのディーゼル発電機を動かす外部電源が断たれてしまったことです。このことは、当然国も東京電力もよく知っていたことです。

原発事故で核分裂反応が緊急停止となった時には、核燃料の冷却を続けて崩壊熱を取り去らなくてはならなくなります。この時、炉心を冷却するポンプを回すために、近くの火力発電所など外からの電力を、原発の中へ送り込まなければなりません。原発の発電した電力を都市へ送る送電鉄塔が、そのまま受電鉄塔になるわけです。

国会審議のなかで明らかにしたことを、衆議院会議録から、表現は分かりやすくかつ正確さを失わないようにしてご紹介します。この一部は、千葉地裁で審理して、2017年9月22

日と2019年3月26日に東電の責任を認めた判決が下されましたが、この裁判のなかでも2014年7月11日に「準備書面」として法廷に提出されました。先に、「準備書面」をご紹介します。

―吉井議員は、志賀1号で、地すべりで高圧送電線の鉄塔が倒壊したために外部電源がなくなり原発が働かなくなったという事故があったこと、内部電源の方も、1999年の志賀1号、1988年の志賀2号、1999年2月や1998年1月の敦賀など、国内の原子力発電所でバックアップ電源であるディーゼル発電機が事故で働かなくなったり、配管の切断や軸がだめになっていて大規模地震と遭遇していれば働かなくなった危険があったことが続いていることを指摘した。

そして、スウェーデンのフォルスマルク原発1号では、バックアップ電源が4系列あるが、同時に2系列だめになった事故があったことを踏まえ、日本の原発の6割はバックアップ電源は2系列なので、内部電源が、ディーゼル発電機もバッテリーも動かなくなった時に機器冷却系などが働かなくなる問題が出てきた場合、原子炉がどういうことになっていくのか、原子力安全委員長の予測について質問した。

また、機器冷却系が働かないと崩壊熱の除去ができず核燃料棒のバーンアウト（焼損）が起こる事態に対してどのように想定して審査を進めているのかについても質問した。

これに対し、当時の原子力安全委員会の鈴木篤之委員長は、同じバックアップを多重に持つ、多様に持つ、それぞれを複数持つという考え方を審査の段階、設計の段階で確認していると答弁した。

そして、地震などにおいてさらに電源が使えなくなるという事態に対して、アクシデントマネジメントということで同じサイトに複数のプラントがあることから、電源を他のプラントから融通するなどの多角的な対応を事業者に求めているところであるとも答弁した。

バーンアウトについては、そういう事態になった時に、大事故に至らないかを最初の基本設計の段階で安全評価をして確認するのが一番の基本である、と同時に通常はあり得なくても理論的にはあり得るという事態に対してどう考えるかは、最近、耐震安全に係る指針を改定したので、さらに耐震設計を基本的には厳しくしていきたい、残余のリスクと称している基準を超えるような大きな地震が来た時にはどうなのか、事業者に評価するように、評価した結果、事故がまず起こらないことを数字で確認する何らかの方法で確認するようにという方針で考えている、などと答弁した。

吉井議員は、フォルスマルク原発の場合もディーゼルとバッテリーと両方1系列であること、4系列あるところの2系列がだめになったこと、外部電源もだめなのでほかから引っ張ってくるのもだめであること、そういう場合にどのように事故が発展していくのかを想定しておく必要があることと、現時点で国が想定していないことを指摘した。

バーンアウトについても、海外でチェルノブイリその他にも例があるのだから、このような事故を想定したものをやらない限り原子力の安全が大丈夫だとは言えない、原子力審査はまだ発展途上であることも指摘した（甲ハ8号証）。

外部電源と内部電源の喪失

吉井英勝委員　原子力安全委員長。例えば志賀1号で、地すべりで高圧送電線の鉄塔が倒壊した、外部電源の負荷がなくなったから、原発が止まった。原発が止まっても、機器冷却系が働かなければならない。外部電源から取れれば、それからも行けるが、大規模地震の時は取れない。

内部電源の方は、実際には1999年の志賀1号、1988年の志賀2号、1999年2月や1998年11月の敦賀の事故とか、実際に、バックアップ電源であるディーゼル発電機自身が事故をやって働かなくなった。あるいは、危ないところで見つけはしたが、もし大規模地震に遭遇しておれば働かなかったというふうに、配管の切断や軸がだめになっていたものがある。スウェーデンのフォルスマルク原発1号では、バックアップ電源が4系列あるが、同時に2系列だめになったという事故があったことはご存じのとおり。

日本の原発の約6割は、バックアップ電源は3系列、4系列でなくて2系列。そうすると、大規模地震などによって原発事故が起こった時に、原発本体が何とか持ったとしても、核燃料を冷やす機器冷却系に（津波の方は何とかクリアできて）津波による被害は避けられたとしても、送電鉄塔の倒壊、あるいは外部電源が得られないなかで内部電源も、海外で見られた事故に遭遇した場合、ディーゼル発電機もバッテリーも働かなくなって、核燃料を冷やす機器冷却系などが働かなくなる問題が出てくる。この時に、原子炉はどうなっていくのか。この点についての原子力安全委員長の予測をお聞きしたい。

それが1点と、もう1点は、機器冷却系が働かないと当然、崩壊熱の除去ができないから、崩壊熱除去ができなくなると、核燃料棒のバーンアウトの問題、これは海外でそういう例もあるが、こちらの方はどうなっていくのかという原子炉の安全にかかわる問題について、どのように想定して、審査を進めておられるかを伺いたい。

鈴木篤之原子力安全委員長　最初の点では、いろいろな事態がもちろんあり得ると思っている。そういう事態になったとしても、ご心配のように、炉心が深刻な事態にならないようにというのが我々の方針。例えば、非常用ディーゼルが万一動かなくなったという場合には、さらに直流のバッテリーを用意するとか……（吉井委員「いや、フォルスマルク原発はそれもだめでした。2系列」）……フォルスマルクの場合は4系列の2系列がさらにだめになったということですね。……（吉井委員「バッテリーもだめでしたから」）……はい、2系列ですね。

したがって、同じバックアップを多重に持つことと、多様に持つ、つまり、ディーゼルだけでなくて直流も持つとか、それからそれぞれを複数持つとか、そういう考え方をまず審査、設計の段階で確認している。

地震などにおいてさらにそういうものが使えなくなる事態に対しては、もう一つは、アクシデントマネジメント、非常事態における管理ということで、日本の場合は同じサイトに複数のプラントがあることが多いので、ほかのプラントと融通するとか、そういうような非常に多角的な対応を今事業者に求めている（筆者注　福島第一原発の場合、1号機が地震と津波で電源が喪失しても、同じ敷地の中にある他の2号機、3号機、……6号機と複数のプラントがあるから、他のプラントと電力を融通し合うことができました）。

それでお尋ねの、そういう事態になった時にバーンアウトなどで燃料が破損する、放射能が外部に放出されるという事態に対してどう考えているかという話だが、これについては、まず、そういう事態になった時に大きな事故に至らないかを最初の基本設計段階で安全評価をして、安全評価の結果、そういう事態に至らないようにまず確認するのが一番の基本。

同時に、さらに通常はあり得なくても理論的にはあり得る事態に対してどう考えるかは、最近、耐震安全に係る指針を改定した。さらに耐震設計を基本的には厳しくしていきたい。残余のリスク、そういうような基準をさらに超えるような大変大きな地震が来た時にはどうなのか。事業者に、そういうことも評価してください。評価した結果、そういうことが起こらないことを数字で確認するか、何らかの方法で確認してください。そういう方針で今考えている。

吉井委員　フォルスマルク原発の場合も、ディーゼルとバッテリーと両方で1系列。4系列あるうちの2系列がだめになった。外部電源もだめですから、他のところから引っ張ってくるというのもだめ。そういう場合に、どういうふうに事故は発展していくものかを想定し、考えておかないと。（国は）それを想定していないことが分かった。合わせて、バーンアウトの問題は非常に深刻。燃料棒自体が溶けてしまう。海外でチェルノブイリその他にも例がある。バーンアウトとは深刻な問題。原子力安全審査はまだ発展途上。きちんと、こういうことを想定したものをやらない限り、原子力の「安全」は言えない。

地震・津波で破壊される電源まで「バックアップ電源」と強弁

この内閣委員会で、原子力安全委員長の答弁を聞いた時には、体がひっくり返るほど驚きました。地震で外部電源が断たれて、津波などで内部電源を壊された時というのは、同一敷地内にある他の号機の原発もすべて緊急停止していて、炉心冷却に他所の発電所からの電源供給を受けたいところであり、同一敷地内で停止した他の原発に電力供給できる余裕などあり得ない時です。

続いて、シビアアクシデント対策などについて質問をしたことについても「準備書面」のなかで取り上げて、質問主意書を提出した経過について詳論し、国会議事録なども書証として提出しています。これらによって、「被告らのシビアアクシデントについての予見可能性があったことと、結果回避義務違反としてのシビアアクシデント対策の懈怠が明らかとなる。なぜなら、吉井議員が、その当時の知見に基づいてシビアアクシデントの発生が予想される旨度々質問し警告を発していた」からだと、論じていただいています。

「シビアアクシデント対策不備」の指摘

また、「準備書面」のなかでは次のとおり指摘しています。

被告らはこれを真剣に受け止め、これに基づいて必要な資料収集や調査を行うべきだったのであり、もしこれを行っていれば、シビアアクシデントの発生が予見できたはずだからである。また、この予見に基づいて結果回避義務としてのシビアアクシデント対策が可能であったのに、これを懈怠《けたい》したこともまた明らかになるはずだからである。

合わせて、2007（平成19）年以降の国会における質疑についても明らかにしておく。なぜなら、2006（平成18）年に吉井議員がシビアアクシデント対策の不備とその必要性について質問したにもかかわらず、それ以降も、吉井質問に基づいて被告らが必要な情報収集・調査義務を懈怠して予見する機会を失し、シビアアクシデント対策を取らなかったことは、結果回避義務違反のあることを裏づける重要な間接事実だからである。

「2．2006年の国会質疑等」として3回の質疑を紹介していただいています。

２００６年10月27日の衆議院内閣委員会

吉井議員は、志賀１号で、地すべりで高圧送電線の鉄塔が倒壊したために外部電源がなくなり原発が働かなくなったという事故があったこと、内部電源の方も、99年の志賀１号、88年の志賀２号、99年２月や98年の敦賀原発２号機など、国内の原子力発電所でバックアップ電源であるディーゼル発電機が事故で働かなくなったり、配管の切断や軸がだめになっていて大規模地震と遭遇していれば働かなくなった危険があったことが続いていることを指摘した。

そして、スウェーデンのフォルスマルク原発１号では、バックアップ電源が４系列あるが同時に２系列だめになった事故があったことを踏まえ、日本の原発の６割はバックアップ電源は２系列なので、内部電源が、ディーゼル発電機もバッテリーも動かなくなった時に機器冷却系などが働かなくなる問題が出てきた場合原子炉がどういうことになっていくのか、原子力安全委員長の予測について質問した。

機器冷却系が働かないと崩壊熱の除去ができず核燃料棒のバーンアウトが起こる事態に対してどのように想定して審査を進めているのかについても質問した。

これに対し、当時の原子力安全委員会の鈴木篤之委員長は、「同じバックアップを多重に持つ、多様に持つ、それぞれを複数持つという考え方を審査の段階、設計の段階で確認している」と答弁した。

そして、地震などにおいてさらに電源が使えなくなるという事態に対して、「アクシデントマネジメントということで同じサイトに複数のプラントがあることから電源を他のプラントから融通するなどの多角的な対応を事業者に求めているところである」とも答弁した。

「バーンアウトについては、そういう事態になった時に大事故に至らないかを最初の基本設計の段階で安全評価をして確認するのが一番の基本である、と同時に通常はあり得なくても理論的にはあり得るという事態に対してどう考えるかは、最近、耐震安全に係る指針を改定したので、さらに耐震設計を基本的には厳しくしていきたい、残余のリスクと称している基準を超えるような大きな地震が来たときにはどうなのか、事業者に評価するように、評価した結果、事故がまず起こらないことを数字で確認する何らかの方法で確認するようにという方針で考えている」などと答弁した。

吉井議員は、フォルスマルク原発の場合もディーゼルとバッテリーと両方（セットで）1系列であること、4系列あるところの2系列がだめになったこと、外部電源もだめなので他から引っ張ってくるのもだめであること、そういう場合にどのように事故が発展していくのかを想定しておく必要があること、現時点で国が想定していないことを指摘した。

バーンアウトについても、海外でチェルノブイリその他にも例があるのだから、このような事故を想定したものをやらない限り原子力の安全が大丈夫だとは言えない、原子力審査はまだ発展途上であることも指摘した（甲ハ8号証）。

2006年12月13日付「巨大地震の発生に伴う安全機能の喪失など原発の危険から国民の安全を

守ることに関する質問主意書」を提出し、そのなかで「大規模地震時の原発のバックアップ電源について」で、以下のような質問をしている。

① 原発からの高圧送電鉄塔が倒壊すると、原発の負荷能力ゼロによるスクラム（原子炉停止）だけでなく、停止した原発の機器冷却系を作動させるための外部電源が得られなくなるのではないか。そういう場合でも外部電源が得られるように複数ルートが用意されている原発はあるのか、実例を示されたい。

② 大規模地震でスクラムがかかった原子炉の核燃料棒の崩壊熱を除去するためには機器冷却系の電源の確保が絶対に必要である。しかし現実には自家用発電機（ディーゼル発電機）の事故で原子炉が停止するなどバックアップ機能が働かない原発事故があったのではないか。過去の事例を示されたい。

③ スウェーデンのフォルスマルク原発1号の事故例を見ると、バックアップ電源が4系列あるなかで2系列で事故があったのではないか。しかも、このバックアップ電源は1系列にディーゼル発電機とバッテリーが一組にして設けられているが、事故のあった2系列では両方とも機能しなくなったのではないか。

④ 日本の原発の約6割はバックアップ電源が2系列ではないのか。仮に2系列で事故が発生すると、機器冷却系の電源が全く取れなくなるのではないか。

⑤地震で外部電源が得られない状態が生まれ、内部電源も働かなくなった時、機器冷却系は働かないことになる。この場合、原子炉はどういうことになっていくか。原子力安全委員会では安全性について日本の全ての原発一つひとつに検討を行ってきているか。原子力・安全保安院では、一つひとつの原発についてどういう調査を行ってきているか。

⑥停止後の原発では崩壊熱を除去できなかったら核燃料棒は焼損（バーンアウト）するのではないか、その場合の原発事故の規模についてどういう評価をしているのか。

⑦原発事故時の緊急連絡網の故障という単純事故さえ2年間放置されていた、ディーゼル発電機が焼きつく事故も発生している、一つひとつは単純な事故や点検不十分のミスであったとしても、原発の安全が保障されていないという現実が存在しているのではないか。

などと質問した（甲ハ9号証）。

吉井議員の「質問主意書」に対して、内閣総理大臣安倍晋三は同年12月22日に「質問に対する答弁書」を提出してきた。

①我が国の原子炉施設の外部電源系は、2回線以上の送電線により電力系統に接続された設計となっている。重要度の特に高い安全機能を有する構築物、系統および機器がその機能を達成

するために電源を必要とする場合は、外部電源および非常用所内電源のいずれからも電力供給を得られる設計となっているため、外部電源からの供給を受けられなくなった場合でも、非常用所内電源からの電力により停止した原子炉の冷却が可能である。

② 我が国において非常用ディーゼル発電機のトラブルにより原子炉が停止した事例はなく、必要な電源が確保できずに冷却機能が失われた事例はない。

③ フォルスマルク1号炉では、保守作業中の誤操作により発電機が送電線から切り離され、電力を供給できなくなった後、他の外部電源に切り替えられなかったうえ、バッテリー保護装置が誤設定により作動したことから、当該保護装置に接続する4台の非常用ディーゼル発電機のうち2台が自動作動しなかったものと承知している。

④ 我が国の運転中の55の原子炉施設のうち、非常用ディーゼル発電機を2台有するものは33であるが、外部電源に接続される回線、非常用ディーゼル発電機および蓄電池がそれぞれ複数設けられている。我が国の原子炉施設は、フォルスマルク発電所1号炉とは異なる設計となっていることなどから、同様の事態が発生するとは考えられない。

⑤ 地震、津波などの自然災害への対策を含めた原子炉の安全性については、原子炉の設置または変更の許可の申請ごとに「安全設計審査指針」などに基づき経済産業省が審査し、その審査の妥当性について原子力安全委員会が確認しており万全を期している。

⑥ 経済産業省は当該評価は行っていないが、原子炉の冷却ができない事態が生じないように安

全確保に万全を期している。

⑦原子炉施設の安全を図るうえで重要な設備については、法令に基づく審査、検査を厳正に行っているところであり、今後とも原子力の安全確保に万全を期していきたい。

などと答弁した（甲ハ10号証）。

「2007年以降の国会質疑」も準備書面のなかで紹介されています。

2010年4月9日の衆議院経済産業委員会での質疑について、吉井議員は、チェルノブイリ事故を例にあげ、事故が起きた際の放射能全量が放出された場合の被曝量や被曝地域、被曝人口についてアセスメントや被害予測をすべきである、大臣として各電力会社に指示すべきである、と進言した。

さらに万一重大な事故が起こった場合、多重防護の機器が壊れていた場合、炉心溶融も含めてどういう距離でどういう被害が及ぶかということは、各電力のサイト別にきちんとつかんでおかないと、国としていざという時に対応できないとも指摘した。

これに対し、寺坂信昭原子力安全・保安院長は、「チェルノブイリの事故は我が国と相当違う状況にある、原子力施設を設計する際には多重防護の考え方に基づいて設計し安全性を確保している」と答弁し、直嶋正行経済産業大臣は、「トラブルなどがあってもメルトダウンを起こさないさまざまな仕組みを作っている」、「30年を超える高経年化原発については厳格な検査を行い慎重に安全性を確認、評価している」などと答弁した（甲ハ11号証）。

吉井議員は、「中越沖地震のような巨大地震により、外部電源も内部電源も切断されて原発停止となった場合、最悪の事態を想定しているのか」、「外部電源喪失という事態を頭の体操で考えるだけではなく現実に起こりうることを想定しなければならない」、「巨大地震が起こると、外部電源喪失と内部電源喪失とが同時に起こり得る。そして二次冷却系が機能しなくなって炉心溶融に至った時にはどれだけの規模の被害が発生するのか」、を検討しておくことが必要だと訴えた。

これに対し、寺坂保安院長は、「各発電所において非常用の電源装置を複数用意することにより冷却機能が継続的に動くことが大切なポイントになると理解している、原子力施設を設計する場合、放射性物質の閉じ込めのために、多重性それから独立性を有する非常用所内電源を備えるなどの多重防護の考え方が極めて重要であり、日本の原子力発電所においては多重防護の考え方に基づいた設計がなされており安全性を確保している」、と答弁する一方で、「ゼロじゃないという意味の論理的な世界において、いろいろな悪い事態が非常に小さい確率ながらも一つひとつその小さい確率のものが全部実現して、冷却機能が長時間にわたり失われると炉心溶融につながるというのは論理的には考え得る」と述べ、本件のような原発事故は現実には起こり得ないという楽観的な認識しかなかった。

直嶋経済産業大臣も、「巨大地震に伴う電源喪失時の事故について何ら調査はしていない（確認をしていない）」と答弁し、国がまったく対策をとっていないことを露呈している（甲ハ11号証）。

さらに、「本件事故後の国会質疑」も示していただいています。

1990年の阿部寿氏らの貞観津波についての推定の論文以降、2000年代に入ってからも、2002年の原子力土木委員会、2006年のマイアミ論文、2008年の東電社内での検討など、東京電力が福島第一原発の敷地南部で15・7mの波高の津波が想定されていたのではないかと質問した。

これに対し、東京電力勝俣恒久会長は、東京電力としては種々の学説、調査、レポートには関心を持っており、それなりに調査検討をしていること、地震本部見解、貞観津波のいずれについての試算も行っているが、津波を起こす地震の大きさや地盤の範囲といった波源モデルを確定しておらず仮想的なものだったこと、波源モデルについては審議を土木学会に依頼し、その審議結果に応じて適切に対応する考えでこれまできていたなどと答弁した。

吉井議員は、畑村報告（政府の東電福島原発事故調査・検証委員会の畑村洋太郎委員長の最終報告）を見ると、佐竹論文などに示された波高の津波も実際に来ないと考えていた、要するに費用、コストの問題だった、島村研究会の報告でも、1994年の段階で、コストダウンをやれと相当な圧力がかかっていたのではないかと指摘したが、勝俣会長は、結果としてこういう事態を招いて申し訳なかったと謝罪を繰り返すのみで、問題の本質についてはきちんと答弁しなかった（甲ハ13号証の1、2）。

③ 東電も津波による浸水を想定

2012年8月3日の衆議院経済産業委員会で改めて取り上げたことですが、「準備書面」で紹介していただいたのが、国会で津波の追及をしていた時期に、「溢水勉強会」を原子力安全保安院と東京電力など全ての原発事業者が集まって、津波による被害想定を議論していたことです。

吉井議員が、2006（平成18）年1月から開かれていた「溢水勉強会」について質問をした。そして、5月11日の報告書で、OP（小名浜港工事基準面）＋14mで屋外施設は全てだめになり、ディーゼル発電機もだめになる、近地津波の場合でも確率は低いが15・9m近い津波があるという報告が提出されていたこと、女川2号機についても想定外津波水位は15・8m、継続時間は長時間、建屋の浸水による影響として常用および非常用海水ポンプは全て機能喪失、電源の機能喪失となり、安全系の電動機、電動弁の機能喪失となると書かれていること、2006年段階で、電事連、東電を含めて勉強会をして、そもそも想定しなければいけない津波だということについて研究していたのではないか、事故の2年前（２００９年時点）にも福島第一原発敷地南側でＯＰ＋15・７ｍの津波について東電幹部では協議をしていること、協議をしてどんな判断をしたのかが問題になる、保安院としてその時にどういう指示をきちんとしたのかが問われること、何もしなかったら不作為の責任が問われることを指摘した。

これに対し、深野弘之保安院長は、津波の高さについては耐震バックチェックの方に委ねてしまったこと、保安院は、耐震バックチェックの作業のさなかという認識だったこと、耐震バックチェックの中間報告の段階では、津波は地震随伴現象という整理だったので最終報告の段階できっちり決着をつけるべきと認識していたこと、と答弁した。

吉井議員は、「溢水勉強会とそれを踏まえた対応状況について」という文書を引用し、せっかく溢水勉強会を立ち上げ、津波という外部溢水についても研究して取り組んでおきながら、ちゃんと最後まで（事業者に）やらせ切るという責任を果たすことのできなかった規制庁の問題と、規制庁から提起されてもコストを問題にして取り組まなかった東電の問題、両方にも不作為の責任が問われていかなければならないと指摘した。

枝野幸男経済産業大臣も、「事故は起こらないんだということをある意味前提にしてしまった、いわゆる安全神話のもとで、もっと対策を取っておけばこうした重大な事故に至らなかったのではないかというこの指摘は真摯に受け止めなければいけないというふうに思っております」と答えている（甲ハ14号証）。

「小括」として次のようにまとめられています。

（1）以上のとおり、吉井議員は、２００６（平成18）年当時、すでに我が国の原発が、安全面に多大な不安を生じていることを危惧し、国会の場において質問を続けてきた。質問の趣旨は多岐にわたるが、そのなかで、電源喪失による機器冷却機能への影響についても、フォルスマルク原発１号機の事故などの具体例を示し、国や東電に対しその危険や事故防止策を具体的に考え実行するよう示唆してきた。

それにもかかわらず、国は、「通常はあり得なくても理論的にはあり得るという事態に対してどう考えるか」（甲ハ８号証：鈴木原子力安全委員会委員長）という言葉にあるように、本件のような事故を現実のものと考えず、結果回避のための対策を何ら取らなかったのである。

当時の安倍総理大臣も、「安全の確保に万全を期している」などと答弁するのみで、何ら危機意識を持っていなかったのである。

本件事故の１年前の２０１０年４月９日の経済産業委員会でも、吉井議員が、「外部電源も内部電源も失われる全電源喪失になると、原発は炉心溶融という深刻な事態になる」と質問したのに対し、直嶋経済産業大臣は、「ご指摘のようなメルトダウンを起こさない、このための様々な仕組みを作っている」と答弁した。このように、国は、吉井議員の警告を「論理的にはあり得る（現実には起こり得ない）」と片づけ、海外での事故や我が国の原発の現状、問題点について謙虚に検証をせず、我が国の原発とは違う、我が国の原発は安全であるという安全神話の上にあぐらをかき、真の意味での多重防護を実現してこなかった。

原子力土木委員会、溢水勉強会やマイアミ論文、貞観津波の研究など、津波による電源喪失について具体的に検討していながら、その対策を何ら取ることはなく、２００６年以降も津波による電源喪失の危険が指摘されていながら、そのまま放置してきた結果、本件原発事故が発生したのである。

④「責任を負うべき者にその自覚がない」

（２）吉井議員は、本件事故後の２０１２（平成24）年11月９日（ＨＰの最終更新日は２０１２年12月20日）付「３・11福島原発事故に責任を負うべき者にその自覚がないことは許されない」と題する文書をオフィシャルホームページに掲げた（甲ハ15号証の１、２）。

そのなかで、「東京電力の言いなりになって、地震、津波、全電源対策の心配はないと政府が主張し、東電に対策を取らせなかったのですから、東京電力と自公政権、民主党中心の連立政権の３・

11以前の不作為の責任は重大です」とあるように、被告国および被告東電には、地震あるいは津波による全電源喪失の予見可能性があり、かつ、結果回避義務違反があった。

最後の「求釈明」は以下のとおりです。

2007（平成19）年以降、本件事故発生までの間に、電源喪失による原発の冷却機能の喪失と炉心溶融の危険性に関する吉井議員の度重なる質問や質問主意書に基づいて、被告らが何らかの具体的な資料収集や調査を行ったかどうか、また、何らかの具体的なシビアアクシデント対策を採ったかどうか明らかにされたい。

なお、被告国はその第5準備書面においてさまざまな行政指導を行った旨主張しているが、これは吉井議員の質問や追及を受けてのものではない。

この準備書面の内容を、国と東京電力は崩すことができませんでした。被災者の被害の現実、損害賠償も逃れようとする無責任な国と東電への怒りや批判の世論の高まり、訴訟弁護団の理を尽くした訴え、そして国会などでの事実と論理に基づく追及などが、相互に力を発揮して勝訴をもたらしました。

この「準備書面」で紹介された「福島原発事故に責任を負うべき者にその自覚がないことは許されない」は、雑誌『科学』（岩波書店）の２０１３年２月号に掲載され、ネットでは、「ＢＬＯＧＯＳ」２０１２年11月12日に載って、今でも読んでいただくことができます。

５ 仙台高等裁判所の判決書

「判決書」のなかで、「第３章　当裁判所の判断」の「第２節　認定事実」で、「５　衆議院における質疑」として、

２００６年３月１日の第１６４回国会衆議院予算委員会第７分科会において吉井英勝衆議院議員（日本共産党）は、津波のうち、押し波による被害だけではなく、引き波による被害にも注目すべきである。福島第一原発では、基準水面から４ｍ水位が下がると冷却水を取水することができなくなる事態が想定されるのではないか。大規模地震や津波の影響によって冷却ポンプの機能が失われれば崩壊熱が除去できなくなり、炉心溶融、水蒸気爆発、水素爆発といったチェルノブイリ原発事故に近い最悪の事態を想定して対策を採る必要があるのではないかなどの趣旨の質問を行った。

また、２００６年10月27日の第１６５回国会衆議院内閣委員会において、同議員は、原子力安全

委員会委員長に対し、日本の原発の6割が、内部電源についてバックアップ電源の系列が2系列しかないところ、仮に内部電源に事故が発生した場合、ディーゼル発電機などが働かなくなり機器冷却系などが機能しなくなったら崩壊熱除去ができなくなる旨を指摘したうえ、このような事態についての審査状況などについて質問を行った（甲B138）。

と、津波が原発を襲った時の問題と、停止した原子炉圧力容器内の崩壊熱を除去する冷却水を循環させるポンプの内部電源が失われる問題を挙げて、東電と国の言い訳を退けて、被災住民側勝訴の判決を下しました。

この国や東電に損害賠償を求めた集団訴訟は、全国で約30ありますが、これまでの判決で、国の責任を認めたのは7地裁、認めなかったのは6地裁と司法判断は割れていました。しかし、これまで高裁段階では原告敗訴となり、上級審に進むと電力会社と国の責任が問われることがありませんでした。

2020年12月22日9月30日に仙台高裁（上田哲裁判長）は、「原発の耐震設計」「全電源喪失」「過酷事故」の問題を挙げて、国が東電に津波対策を採らせなかったことは違法だと、明快に認めました。国の責任を示す事実が、裁判所の方でも少しずつ解明する方向に向かいだしていることを注意深く見ていきたいと思います。

6 責任ある方の最後の辞

福島第一原発事故の後の最初の委員会（2011年4月6日）で、原子力行政の責任ある立場の方たち3人、寺坂信昭経済産業省資源エネルギー庁原子力安全・保安院長、鈴木篤之原子力研究開発機構理事長、班目春樹原子力安全委員長に聞きました。

私は、福島第一原発事故の1年前（2010年）の5月26日の衆議院経済産業委員会で、地震や津波による「電源喪失」が招く炉心溶融の危険性を指摘しました。これに対し、原子力安全・保安院の寺坂院長は「論理的には考えうる」と述べ、現実には起こらないと答弁していました。

吉井英勝委員　〝理論的な話〟ではなく、現実のものとなったのではないか。

寺坂信昭原子力安全・保安院長　現実に、指摘のような事態が発生した。当時の認識に甘さがあったことは深く反省している。

2006年3月1日の衆院予算委員会で、当時の原子力安全委員長だった鈴木氏は私の質問に、「外部電源やディーゼル発電機、蓄電池など多重、多様な電源設備があり、他の原発からの電力〝融通〟も可能だから大丈夫だ」と答えていました。

吉井委員　設計上〝大丈夫〟だという話だったが、全ての電源が喪失したのではないか。

鈴木篤之日本原子力研究開発機構理事長　国民に大変な心配、心労、迷惑をかけていることを大変申し訳ないと思っており、痛恨の極みだ。

福島事故について、菅直人首相や東京電力の清水正孝社長は、「想定外」としていました。私は、日本の原子力安全基盤機構（ＪＮＥＳ）の研究報告でも、「全電源喪失で０・６時間後に核燃料が落下、１・８時間後に圧力容器が破損、16・5時間後には格納容器が過温で破損する」と警告されていたことを述べ、続いて、

吉井委員　全電源喪失を考えて、いかなる場合にも今回のような事態を起こさせないというのが、原子力安全行政であり、原子力安全委員会の使命ではないか。

班目春樹原子力安全委員長　おっしゃるとおりだ。今回の事故を深く反省し、二度とこのようなことが起きないよう指導してまいりたい。

海江田万里経済産業相　想定を超えるものが現実の問題として起こったわけだから、（想定外というのは）使うべきではない。

10時間以上も事故対応に空白が生まれていました。大地震発生から約1時間後の3月11日午後3時42分、原子力安全・保安院はすでに「全電源喪失による炉心溶融の可能性」を認めていて、ベントして内部圧力を下げるとともに、炉心に冷却水を送り込む努力をしなければならない時でした。ところが、原子炉格納容器からのベント（蒸気排出）などの緊急措置が行われたのは、翌12日の午前10時以降になりました。

吉井委員　なぜ早い時点で東電を指導しなかったのか。東電が指示に従わなかったのか。

海江田経産大臣　法律にもとづく命令というのは、日をまたいでのことだった。

吉井委員　班目委員長と寺坂安全・保安院長は、危機感を持って臨んだのか。

班目原子力安全委員長　どれぐらい緊急を要しているのか把握していなかった。

本節で紹介した2006年3月1日、2010年5月26日、2011年4月6日の国会質問については、ユーチューブ動画で観ることができます（23分動画）。「原発事故　吉井議員質問ダイジェスト」と検索してください。

第III部

原発と核兵器の危険性を問うた国会論戦

第7章 「核技術」を平和で安全なものに閉じ込める

参議院大阪選挙区で補欠選挙が行われ、1議席を争って初めて私が当選させていただいたすぐ後、1988年4月20日の参議院科学技術特別委員会で質問に立ちました。「核物質防護」という国会議員になるまでは余りなじみのなかった名前の法律を審議することでした。フィジカル・プロテクション（PP）法案と呼ばれたものです。

1 軍事に引き込まれる原子力行政

吉井英勝委員 （審議の議題PP法案に関して）核物質防護は、核そのものの防護、核兵器の廃絶と核施設へのジャックなど不法行為の防止、核施設の事故防止と事故発生時の防災対策、また事故発生時の放射能汚染対策と日常監視など、より広く体系的に考えられるべき問題である。

と、研究者が研究施設に入ることまで厳しい「検問」が始まり、研究者の自由闊達な議論を交わす機会まで、何とはなしに「制約されている雰囲気」に包まれだしていました。学生時代に日本原子力研究所へ行った頃とは、まったく雰囲気の異なるものを現地で感じ取ってその気持ちで初質問に臨みました。

② 日米安保下での放射能汚染と原発事故時対策

原発事故を考える時には、原子力艦船の母港となっている横須賀のアメリカ海軍基地と原子炉関連付帯施設が存在する地域の原発事故の想定される事態と、それに応じる原発安全対策の実地調査はもとより、原発事故の発災時の想定とそれに対応する住民の避難誘導対策、被曝した市域の除染対策、避難民の安全確保と長期避難対策などを、当然考えておかなければなりません。

引き続き、当時の委員会での質疑を紹介します。

吉井委員　外務省と米軍自身も原子炉の事故はあり得ると認めている。実際に横須賀で事故が起こったらどうするか。国は原発設置県に対しては、「原子力防災」を「地域防災計画」に入れなさいと指示。

「災害対策基本法」では、「計画を立てる時には国と協議」しなさいと義務づけている。横須賀では国と協議しようとしているが、科学技術庁は、市の申し入れを受けても「原潜事故を想定した地域防災計画を立てるな」という立場か。最初から回答を拒否、地元、県で勝手にやりなさいということか。

石塚貢科学技術庁原子力局長　米国の原子力潜水艦の寄港に伴う防災対策が必要というご指摘、原子力潜水艦の安全性につき、私どもは米国側の説明を受け、とくに防災計画は必要ないと説明している。横須賀市あるいは神奈川県において本件防災計画の策定について、地方自治体が防災計画を作られるのは、災害対策基本法により必要があれば作るということで、地方自治体の判断に委ねるべきであるが、国は（横須賀基地に「原子力防災」は）必要ないという立場。

吉井委員　災害対策基本法では、これは勝手に作ればよろしいというのでなく、国と協議しなさいと義務づけている。市が協議を持ってきた時に、原潜はアメリカが安全だと言うから防災計画は必要ないと（国は）言う。安保条約によって防災計画を立ててはいけないことになっているのか。

石塚原子力局長　米国側の説明や覚書あるいは声明などにより、寄港する場合の原潜についての安全性は米国が保証する。それに加えてさらに防災対策は必要ないと判断している。

吉井委員　青森県地域防災計画がある。ここの「原子力対策」では、青森県のむつ市の方で、「知事は、次の各号に該当する場合は、災害対策本部を設置する」とある。原子力船定係港で災害が発生し、大量の放射性物質が港外に放出するおそれがあり、また放出した場合には本部を作るとか、事細かに書いてある。
また退避についても、被曝を避けるための被災地住民に対し緊急の措置として屋内待機の措置をとるよう関係市町村長に要請すること、退避や危険地区への立ち入り制限の問題、青森県の港湾について、日本の原子力船については決めている。アメリカの原潜はアメリカが大丈夫と言うから大丈夫、日本の原子力船は危険だからこれを考えるという、こういう立場か。

石塚原子力局長　原子力船「むつ」には地元の地域防災計画があるではないかとのご指摘だが、万が一の事故に、陸上部と異なり沖への引き出しといった可能性があると考え、一般公衆への被害の可能性はまず考えられない。しかし「むつ」の場合、原潜と異なり陸上附帯施設が設置される。燃料交換や燃料貯蔵、廃棄物処理などが行われるので、単なる原潜の寄港とは違う。定係港として「むつ」が常にそこに係留されていることも勘案し、地元自治体において原子力防災計画が策定された。

巨大災害の襲来時に核艦船の原発事故は防げない

吉井委員　日本の原子力船の場合は、原子力災害を万一にしても考える。アメリカの原子力潜水艦であれば、原子力船だが大丈夫だから必要でないと言う。おかしいと思わないか。

石塚原子力局長　原子力潜水艦と「むつ」との違いを説明した。米国の原子力潜水艦は日本に寄港するだけ、原子力船「むつ」の場合は定係港に常に係留され、陸上施設がそこにある。陸上施設においては核燃料を取り扱い、貯蔵され、廃棄物の処理も行われる。その点を勘案されて地方自治体で防災計画を作られたと理解している。

吉井委員　潜水艦であろうと、一般の船であろうと、原子炉を積んだ船という点については違いがない。一時的にしても、長く停まるにしても、原子炉を持つ船であることに違いはない。

石塚原子力局長　原子力船「むつ」は、原子炉を積んでいることで物理的違いはないが、出力面では当然違う。寄港するだけであれば、普通は原子炉の出力は非常に抑えている。「むつ」の場合は定係港で、母港として常にそこにいる運用の仕方の違いもある。

吉井委員　科学技術庁は放射能漏れは考えられて、「原子力軍艦放射能調査指針大綱」というのをまとめ、横須賀でもやっている。放射能漏れもある、事故なども想定して作られたが測定だけで終わり。一方ではそれを考えながら、一方では地元が地域防災計画のなかで位置づけようとして協議を持ってきても回答しない。勝手にやりなさいと、あまりに無責任。科学技術庁長官の考えを伺いたい。

石塚原子力局長　原子力潜水艦について、安全性は米国が保証し、それを確認するために私どもは「軍艦の放射能調査大綱」により寄港のたびに測定、寄港しない時はバックグラウンド測定で、安全性の確認を行っている。何か事があれば、(核艦船の)沖への移動も含めてその安全性は保証されている。その場合、大綱によって、事故の大きさにより、いざという時には関係機関と協議し、対応を取ることになろう。

一方、「むつ」で事故が起きた場合には、やはり原子力船は沖合いへ引き出すことも考慮に入れながら安全審査が行われている。平常時にモニタリングなど、万遺漏なきを期しているので、そういった規制により安全性が確保されている。それから、「災害対策基本法」による防災対策は、万が一の何か起きた場合を想定しているから、「むつ」には陸上施設もある。地方自治体で十分勘案された結果である。

吉井委員　原子力潜水艦であれば、相手が大丈夫だと言えば大丈夫と、そして日本の原子力船については万が一の事故も考えなければならないと、これは誰が考えてもおかしい論理。万が一、横須賀で事故が起こった時にどのように人は避難をしなければならないのか、事前に防災対策を考えておくことは当たり前。しかし、そういうことも必要ないという見解は、国民の立場からすれば合理的で納得できる根拠ではないと思う。

石塚原子力局長　原潜が寄港中に事故が起きた場合には、米軍から外務省を通じて直ちに通報が来る。私どもの放射線モニタリングによって十分確認ができる体制。その場合には直ちに所要の部署へ通報を行い、その後、空中あるいは海水中の放射能測定など、放射能調査を強化。必要に応じ内閣の放射能対策本部を開催し、関係省庁および地方公共団体との協力の下に、一定海域への立ち入り制限、原子力軍艦の近傍の海域での住民に対する影響が及ばないような措置、所要の対策を講ずるといった万全の対策を講ずる。

吉井委員　実際には事故が起こってから対応なんて遅過ぎる。事前に防災計画も立てて避難訓練をする。コンビナート災害であっても、地震災害であったとしてもちゃんとやっている。これが相手（アメリカ政府）が大丈夫だと言っているから大丈夫と、「地域防災計画」を立てることに拒否回答をすることは不当。

横須賀でのこういう態度は、重大な問題。三港連絡協議会（横須賀、呉、佐世保）の科学技術庁あての要望書があり、「具体的対応指針を出してもらいたい」ということが地域から出ている。これは指針をまとめていくことが少なくとも必要だ。長官に伺う。

伊藤宗一郎科学技術庁長官　原子力潜水艦に対する周辺住民の安全は十分確保されている。原子力軍艦の万が一の事故の場合にも、政府委員からも答弁を申し上げましたとおり、所要の対策を講ずることができると確信している。

２０１１年3月の福島第一原発事故が示した事実により、この政府答弁の誤りが明確になりました。

3　核兵器開発と原発使用済み核燃料

プルトニウム問題は国会で何度もいろいろな角度から取り上げましたが、世界有数の原発推進ができた国であり、使用済み核燃料の中に「核超大国」並みのプルトニウムを所有している事実を直視しなければならないと思います。原発についての考え方に違いがあったとしても、やはり核兵器を廃絶し、地球を放射能汚染から守り抜く取り組みを共同して、緊急に行わなければなりません。

「核兵器禁止条約」が２０１７年7月に、国連で１２２の国と地域が賛成して採択されました。核兵器の使用が武力紛争の際に適用される国際法に反するとして、その開発、保有、使用などを禁じる条約です。「条約発効」要件の50か国目に批准書を中米のホンジュラスが国連に提出し、受理されました。これにより、条約は規定に基づいて90日後の２０２１年1月22日に発効しました。批准国が50か国を超えて広がっていることは、地球の将来に希望を感じます。

残念なのは、核大国アメリカの走狗となった日本政府が「核兵器国と非核兵器国の橋渡し役を果たす」などと幼い言い訳をしていることです。唯一の被爆国の政府として、本来なら国連で「核兵器禁止条約」の起案の段階から参加して、その実現に注力するべきでした。

日本のプルトニウム保有量は原爆５０００発以上

２００７年10月27日の衆議院内閣委員会での質疑を紹介します。

舟木隆資源エネルギー庁電力・ガス事業部長　今年（２００７年）の9月に原子力委員会へ内閣府、文部科学省、経済産業省の連名で報告した「我がのプルトニウム管理状況」では、原子炉施設に保管されている分離プルトニウムは、実用発電炉分が415kg。また、海外に保管中の分離プルトニウムは3万7852kgとなっている。

吉井英勝委員　電事連の方でまとめた数字でいただいている。同じ数字を持っているので確認した。(事前通告で)伝えてあるが、分裂性プルトニウムで海外25・6t、東海の方で0・6t、合わせて26・2t、分裂性プルトニウムを持っている。この確認だけだ。

舟木電力・ガス事業部長　先ほどお答え申したのは分離プルトニウム全体の量であり、分裂性プルトニウムに限って申せば、ご指摘のとおり。

吉井委員　分裂性も非分裂性も合わせた数字でもそれはいいが、伺ったのはそっちだった。次に、分裂性プルトニウムの臨界量、これはいくらになるか。

青山伸資源エネルギー庁原子力・安全保安院審議官　プルトニウムのいろいろな形状によっても異なるかと思われる。正確な数字を手元に持っていない。数kgのオーダーであろうかと思う。

吉井委員　これ質問すると言っておいたが。分裂性プルトニウムの臨界質量は、最初の実験の頃で5kg。リフレクター(反射体)の問題とかいろいろ態様がある。非分裂性も含めた総プルトニウムでいくと、長崎型(原爆)であれば7kgぐらいになると思う。原子力安全委員長にお聞きしたい。

鈴木篤之原子力安全委員長　おっしゃるとおり大体正しいと思う。正確には、いろいろな前提を立てて評価しなければいけないので難しいが、核不拡散上、核兵器との関連では、私の理解しているところでは通常8kgを一つの判断の目安にし、その約2分の1の4kgぐらいだと、ひょっとするとそれでも十分かもしれない。そういう議論になっている。

吉井委員　アメリカの開発史について述べたもののなかでは、最初に（原爆）実験したのは、リフレクターその他のプルトニウムの密度も関わってくるから簡単には言えないが、5kgでやったという。つまり、日本の現在持っている分裂性プルトニウムは、原発から出てくる分で26・2t。大体、長崎型原爆に直せば、5300発分ぐらい、かなりのもの。単純計算の話だが確認しておく。

鈴木原子力委員長　計算上はそういうことになろうかと思う。

核兵器開発禁止の法的位置づけ

吉井委員　現在の状況は、原子炉の中と貯蔵プール、六ヶ所中間貯蔵施設にある使用済み核燃料に含まれている分裂性のプルトニウムについて、電事連データでは、79・9t。単純計算すれば1万6000発のプルトニウム原爆の量に相当してくる。再処理を済ませたプルトニウムの保有量と合わせると、日本は、長崎型原爆にすれば2万1000発分を超えるぐらいのプルトニウムを持っている。非常に多いのが日本の現実。

日本にはこれだけの核兵器開発の材料であるプルトニウムの保有量があり、六ヶ所再処理工場でプルトニウムの大量生産能力が今現実に稼働を始めようとしている。核を扱う高い技術力があり、多くの核技術者も日本には存在しているのが現実だ。

そこで、外務省に聞く。1969年9月25日、外交政策企画委員会でまとめた報告書「わが国の外交政策大綱」がある。このなかで、「当面核兵器は保有しない政策をとるが、核兵器製造の経済的・技術的ポテンシャルは常に保持するとともにこれに対する掣肘をうけないよう配慮する」とある。

これが外務省が当時出した日本の核政策についての考え方だと思う。外務省の検討文書であることは間違いないか。

長嶺安政外務省大臣官房審議官　これは、外交政策企画立案機能の強化を目的として、自由な見地から総合的に重要外交課題に関する審議を行うために設置された当時の外交政策企画委員会が、1969年5月から9月まで行った検討作業を取りまとめたものと承知している。

吉井委員　核兵器について、この「当面」という言葉が意味を持つ。つまり、当面は核兵器を保有しない政策を採る、しかし将来的には保有するかもしれないという含みがある。

実は先ほどの麻生太郎外務大臣（現・財務大臣）の本会議答弁を聞いていて、「我が国が核兵器を直ちに保有することはしない」と、外務大臣は、「直ちに」という言葉をつけている。日本が永久に核兵器を保有しないということでなくて、「直ちに」と。「当面核兵器は保有しない政策を採る」、「当面」と非常に限定的。

外務省が「核兵器製造の経済的・技術的ポテンシャルは常に保持する」とした政策、これは、日本が核兵器を作ろうとするのではないと国際的不信を招かない保証はあるか。原子力基本法第2条で「原子力の研究、開発及び利用は、平和の目的に限り」とし、そこで法律で核兵器開発を否定している。そして、第2条の後段で民主、自主、公開の三原則を定めて、原子力の研究開発については国民的監視ができるようにすることで、核兵器開発を秘密裏に行えないようにしていることが法律で明確に核兵器開発を禁止していることだと思うが、官房長官に伺いたい。

塩崎恭久内閣官房長官　原子力基本法では、我が国の原子力活動とは平和目的に限定している。今ご指摘の点は正しいと思う。

吉井委員　法律上、日本は核兵器を開発しないということをきちっと決めている。一方、外務省の文書では、当時、「当面核兵器は保有しない政策を採る」と、限定的で将来は分からない。確認しておきたい。法律によって日本は核兵器開発を禁止している。これは限定付きのものではないというのが政府としての明確な立場か。

塩崎官房長官　法治国家だから、法律に則って国家は回っていくと思う。

吉井委員　日本の核開発の問題について、国民からも、国際的にも不信を招くことになってしまうと言わねばならぬ。専守防衛のためであれ、自衛権の行使であれ、小型であれ、戦術核兵器であれ、核兵器開発そのものを日本は禁止していることは明確。官房長官、それはもう明確か。

塩崎官房長官　原子力基本法で核兵器を保有しないということを唱えている。それはそのとおり。

吉井委員　核防条約第2条により、非核保有国として一切の核兵器は持ってはいけない。したがって、もし、日本が小型であれ大型であれ核兵器を持てば条約違反になる。ひいては憲法98条第2項違反になる、これは1978年の真田秀夫内閣法制局長官の答弁。非核三原則が、政府の方針というだけでなく、法律と批准した国際条約によってもはっきりしている。官房長官に確認する。

塩崎官房長官　ご指摘のとおり、我が国の原子力政策は、非核三原則は政策としてしっかりある。これは不変のもの。ご指摘の原子力基本法によって平和目的に限定した原子力活動しかできない。法律的に拘束力を持っている。NPT（核兵器不拡散条約）が批准されている下で、非核兵器国として核兵器の製造や取得などは行わない義務を負っていることとはバインディング（拘束）であることは明らか。

法律あるいは批准された条約に拘束をされるということであるので、外務省の文書でどう表現されようとも、法律と条約の意味がある。

与党幹部の「核兵器保有」発言

吉井委員　中川昭一政調会長（故人）や麻生外務大臣らが、「憲法でも核保有については禁止されていません」とか「核保有の議論は結構だ」などという発言がどんどん繰り返される。それから官房副長官時代の安倍（元）総理自身も、2002年5月13日の早稲田大学での講演で、「憲法上は原子爆弾だって問題はないですからね、憲法上は。小型であればですね」と発言している。一貫して政治家の核開発発言が繰り返されている。なぜ繰り返されるのか。

その背景には、核兵器開発は法律で禁止している、国際条約上も禁止している。日本も批准したが、政府見解で、「自衛のための必要最小限度を超えない実力を保持することは憲法第9条第2項によっても禁止されておらず、したがって、右の限度の範囲内にとどまるものである限り、核兵器であると通常兵器であるとを問わず、これを保有することは同項の禁ずるところではない」という、1978年3月11日の真田秀夫内閣法制局長官答弁をはじめ、1958年の岸信介総理の答弁にも類似のものが出ている。やはり、「(憲法) 9条の2項によっても持ち得るんだ」ということを言い続けてきたことが、繰り返しこういう議論 (核兵器開発) が出ている根底にある。

専守防衛のためであれ、自衛権の行使であれ、小型であれ、戦術核であれ、核兵器開発そのものは日本は法律で禁止している。そこははっきりしている。9条2項で言っている、「自衛のための必要最小限度を超えない実力」とする政府見解だが、「その実力の中には核兵器は含まれない」ことを政府として明確にしておれば、そもそもこういう議論というのは出てこないが。

塩崎官房長官　先ほど来、憲法9条2項に基づいても、小型であれば持ち得るかどうかという議論が提起されているわけだが、純粋法理論的にいけば、そういうこともあり得るということを一般的に言っているわけであって、安倍総理は、非核三原則は守り、政府としてこの核開発の問題については議論はしないことを明確にし、また、党でも正式な場での議論はしないことを言っている。したがって、政府としては、そういう方針を堅持することを申し上げるのみ。

吉井委員　なぜこういう議論が出てくるのか。法律上も批准した条約上もそうだし、政府の非核三原則によっても核兵器を禁止している。法律上禁止している。そして、憲法9条2項の方で真田氏のような解釈をしたにしても、法律上禁じられているものについては明確に、日本の政府の見解としては、その実力の中には核兵器は含まれないことをきちんとすれば、大体、政治家の間からこういう議論が繰り返し、「憲法上は原子爆弾だって問題でない」という安倍氏のかつての発言も出てくるはずがない。「政府見解」、「法制局長官答弁」、「政府答弁」のこの部分を、「実力の中には核兵器も持っていい」かのような部分、そこはきちんとしておくということが必要だ。官房長官にもう一度伺う。

塩崎官房長官　安倍内閣として安倍総理が、憲法9条2項による、いわゆる必要最小限度を超えない実力を保有することを認めている条文から、どういうことが読み取れるのかを、とくに敷衍しているわけではないと思う。

大事なことは、今、我が国が核兵器を持たない政策と法律とそして条約について堅持することを、内閣総理大臣が言っているわけである。

吉井委員　日本が、長崎型原爆にすれば5000発を超えるものを持っている。未処理分を含めたら2万発分を超えるぐらいの原爆製造能力、プルトニウムの蓄積をしている。そういう国が国際的にも不信を招くこともなく、進んでいくためには、こういう議論が政治家の間から次々と飛び出すということ自体が大きな問題だ。

なぜそういう議論が出てくるか。安倍氏は2002年の早稲田大学での講演で、当時彼も官房副長官の時代だから、本当は立場としては内閣を代表するはずだが、「憲法上は原子爆弾だって問題でない」と、憲法9条2項の真田氏（法制局長官）の解釈の上に立って発言している。今、総理大臣になったから、ちょっとランクアップしたから「非核三原則だ」、そういう話じゃないと思う。

やはり、そういうことをきちっとやっていくには、今日あなたがここで約束できないのであれば、あなたの責任において、この9条2項の「必要最小限度の実力」には、日本の場合には他の法律その他でもきっちり禁止しているわけだから、核兵器は含まれないんだということを明確にすることを、政府としてよく検討したうえで、改めて答えを求めたい。

塩崎官房長官　今の憲法第9条第2項を解釈した時に、核兵器が入る入らないの話は、真田氏の解釈とかいうことではなくて、内閣法制局が長年にわたって取ってきたスタンスとして、それは「理論的にはあり得る」と言っているだけのことである。我が国は、国権の最高機関は国会であって、そこで法律も、そして条約も批准もされ、確立をしているわけだから、もし、万が一政策を変えることになれば、法律を変え、条約を破棄するというプロセスを経なければいけない。

吉井委員　作らないということは、もう政策的に方針がきっちりしていると言いながら、「直ちに保有することはしない」と、「直ちに」という一定期間が過ぎたらあり得る。そういう（核兵器開発・保有）発言が繰り返し出てくること自体に、対処を求めることは当然。しかし、その根底にある、法制局長官の答弁、あるいは岸首相以来の閣僚の答弁のなかに流れているその考え方をきちんと整理しないと、これは続いていくと思う。そこをまず正す。政府としてきちんとした対応をするように議論をしてもらいたい。

1957年5月7日の参議院予算委員会で、岸信介内閣総理大臣は、秋山長造、吉田法晴議員らとの質疑で、「自衛権を裏づけるに必要な最小限度の実力であれば、私はたとえ核兵器と名がつくものであっても持ち得るということを、憲法解釈としては持っている」、「しかし今私の政策としては、核兵器と名前のつくものは今持つというような、もしくはそれで装備するという考えは絶対にとらぬということで一貫して参りたい」と答弁しました。

1957年5月15日には「政府の統一見解」として「原水爆を中心とする核兵器は自衛権の範囲に入らないが、将来開発されるものなどをことごとく憲法違反とするのはいきすぎである」としました。

第8章　原発と核融合炉をめぐる政治の動き

核の不法な盗み出し、ハイジャックをはじめテロ行為というのは、人道上も国際法上も断じて許されない蛮行であることは明らかです。国会で法律案の審議をしたことがありますが、核ジャックなどは絶対に許されないことであり、「核物質盗取の防止」や「原子力施設または核物質の移送に対する妨害、破壊などに対して国民の平和と安全が脅かされることのないよう、核物質を政府の責任で適切に管理する」ということは必要なことです。

1 自主・民主・公開、核兵器禁止

半世紀前に若い私が突然、東海村の日本原子力研究所を訪ねても、実におおらかで開放的な研究環境としては望ましい施設であることを嬉しく思って見ていました。ところが、アメリカの「核不拡散政策」による締め付けが厳しくなり、世の中にテロが出てきたりしたものですから、核物質を使って研究する施設では自由な研究環境より、ＰＰと言われる核物質防護がやかましく言われるようになりました。これも原発を考えるうえでは注目しておいた方がいいだろうと思ってご紹介します。

どこをどのように考えていくか。第1に、核防護の措置に限定して核燃料物質を取り扱う事業者に対して防護のための措置の義務づけ、第2に、国際輸送中の核物質の不法な奪取が大きな社会的不安をもたらすから、国際輸送中の核物質防護の国際的協力体制を定めた核物質防護条約の批准と国内法の整備は必要です。

核物質防護を考える際に重要なことは、核物質についての情報を公開するということ、直接に従事する科学者、研究者、労働者はもとより、広く国民の監視によって防護することです。また、原子力施設に従事する科学者、研究者、労働者の自主性や専門研究の自由、自治が保証されて、関わる人たちが、みずから防護についての自覚を高め、核物質防護を確実にすることになると思います。反対に個人の宗教、思想、信条、人種、出身についてチェックするような人間に対する不信から出発したのでは、自覚的な防護は生まれ得ません。

核物質防護の名を借りて、これらの原則が損なわれることがないようにして、広く国民の監視による核物質防護を実現していくように、防護措置や防護規定などの重要事項が政省令にゆだねられ、政府の手で恣意的に運用されないようにして、関係する人たちが、原子力基本法の

「自主・民主・公開」の三原則を厳格に守って、信頼し合い、人権を尊重しあって、自由な研究環境を築くことが研究所の核物質防護に大きな力となるものと思います。

2 核の研究に向き合う姿勢

国際熱核融合炉の日本誘致に関わって

1990年代に入ってから、商業用原発建設が次々に進められ、高速増殖炉もんじゅの計画も始まり、六ヶ所再処理工場の計画の実現という道筋もできてきている頃でしたが、核施設に関する次の大型公共事業として「国際熱核融合炉」（ITER）を日本に誘致して建設しようという動きが出てきました。1兆円ビジネスと言われるものに関係する財界人が蠢いて、核融合調査も計画に入れた衆議院の訪米調査団に接触してきました。

原理としての核融合の研究と、実用化するとした場合のリスクや負担、発電コストの大きさ、周辺技術の実現可能性など広い立場で考えなければならない時に、いつもの公共事業と同じで、「初めに事業ありき」で「光」は「暗闇」でも何でも公共事業が進めばよしとする動きが出てきました。2001年3月1日の衆議院予算委員会第4分科会でこれを取り上げました。

炉材料自体が難しいもの

吉井英勝分科員　ＩＴＥＲの日本誘致問題がいろいろなところで今話題となっている。エネルギーレベルの高い高速中性子によって格子欠陥が生じたり、材料の脆性劣化などをもたらすという大きな問題がある。

科学技術庁から、ＩＴＥＲの炉壁、ブランケットは、20年間の実験期間中に交換は必要ないように設計されていると説明を受けた。材料の開発はもう済んだか。5年や10年の間、実際に高速中性子の照射を受けて、何も問題が起こらなかったという実証されたデータがあるのか。

今村文部科学省研究開発局長　研究開発が国際協力で、その開発は成功裏に実施されたと承知している。ＩＴＥＲの炉壁材料の技術的完成度について我が国、ＥＵ、ロシア、それぞれ関係諸国がそれぞれのパートについて工学的な研究開発を分担しながら実施してきた。具体的に、中性子に対する、どれくらいもつかという問題。これは、主としてそのデータベースは、アメリカのオークリッジ、ここにＨＦＩＲ／ＯＲＲという研究炉の使ったデータおよび一般的な中性子の原子炉での損傷などのデータを合わせて全体的な評価が行われた。中性子の炉壁の損傷については……（吉井「実験をちゃんとしたのか」）……実験を行っている。

この実験は2つあり、今申し上げたオークリッジでは、中性子エネルギー14ＭｅＶのエネルギーに対するヘリウム発生などに基づく炉心損傷の模擬実験を行った。実験は数年間にわたって行われ、その照射量が実際にＩＴＥＲで使われる20年にわたる期間を大幅に超える照射量となるデータを蓄積した結果に基づいて、ＩＴＥＲの設計が行われた。

したがって、ＩＴＥＲのブランケット、炉心は20年間の実験期間中に交換する必要はない形で設計されている。一方、ＩＴＥＲの炉壁については、交換することもできる設計になっており、万一当初の設計と違う形で炉心に損傷が生じた場合には、部分的にそれを交換するという柔軟な設計にもなっている。

吉井分科員　実際に10年なり20年、きちんと非常に高いレベルのなかでの中性子照射を浴びてのデータを得られたことにならない。

炉材料問題は、実は技術的に完成はされているわけではない。まして、ＩＴＥＲ後の実際の原型炉を展望しての話でないと、これはなかなか実用につながらない。実用化の場合の炉材料は全くなくて、これからの研究開発にかかっている。

実は文部科学省が認めている。今、20年大丈夫だと言うが、実際には3年に1回ぐらいの炉壁の交換が必要になってくる。いろいろなところで皆さん語っておられる。実は6か月に1回ぐらいの交換が必要でないかという話も専門家の間ではある。交換のたびに維持その他で、ものすごいコストのかかる実験装置ということを指摘しておく。

ＩＴＥＲの建設コスト

吉井分科員　建設費を当初考えていた１兆円より半分の約５０００億にするという話になっているが、その場合、トカマク型の核融合炉の主半径はいくらからいくらになるのか考えると、その時に、プラズマ主半径が８・１から７・１ｍないし７・２ｍにすると建設費の低減割合は何％かとか、６・１から６・２ｍだったら何％、５・１から５・２ｍだったら建設費の低減割合が何％になるかとか、きちんとしたデータがないと、それが国会できちんと示すことができていない。建設費が安くなったという簡単な話にはならない。どうなのか。

今村研究開発局長　ＩＴＥＲについては、当初設計が約１兆円だったが、現在の見直された低コストＩＴＥＲについては約５０００億円。

その主半径は６・２ｍで、当初８・１ｍのものが６・２ｍになっている。こうした設計の変更全体を評価して、この５０００億円という見積もりがなされた。

吉井分科員　それはきちんとしたデータを出してもらう必要がある。

プラズマ主半径８・１ｍの時の建設費低減割合をゼロとして、今の６・１から６・２ｍだったら、専門家の話では、大体36％から40％ぐらいの低減率だと。本当に建設費を50％に下げようとすると、５・１から５・２ｍぐらいの主半径に、小さなものにしないと５０００億円というのは成り立たない。こういう指摘もある。時間がないから、改めて私のところへ建設費低減割合を出していただきたい。

次に、主半径を小さくすると、プラズマ密度、持続時間をはじめとして、当初の実験目的、1兆円で考えた目的が達せられるのか。問題がある。

1992年6月の原子力委員会の「第三段階核融合研究開発基本計画」の目標では、「自己点火条件がエネルギー増倍率20程度を達成」となっている。長時間燃焼では長パルス運転1000秒程度以上。しかし、今度小さくすることによって、増倍率は大体10を超えるぐらい、長パルス運転は3割から5割ぐらいのところで考えているというのが実情ではないか。

今村研究開発局長　今回の低コストのITERで設計の目標値が変わった。この目標値が変わった内容については、原子力委員会の「核融合会議」で評価をし、第三段階の核融合研究開発基本計画に基づく実験炉の要件を満たすということが確認されている。

エネルギー増倍率については、Qが10以上、Q20も達成可能な設計になっている。定常運転については、Qが5以上の段階において燃焼時間約1000秒以上という形で設計目標が立てられている。

吉井分科員　さまざまな当初の目標をいっぱい切り捨てている。小さくてもできるというのだったら、最初からその計画をやっている。私は、そういうことを、多くの国会議員の皆さんが、これからITER誘致どうするかという議論に入っていく時に、きちんと知らされなければいけない。

それで、４極（日・米・露・ＥＵ）のなかで、ＩＴＥＲ誘致に声をあげている国は今あまりない。日本誘致となると、今おっしゃった５０００億円にしても、大体７、８割以上は日本の負担。さらに、外国研究者と家族の施設その他バックアップする施設などを含めると、それから当初考えた建設費、いくら小さくしても実際はもっとかかってくるから、最終的に大体１兆円は最低かかることになる。

このＩＴＥＲ誘致に向けて、ＩＴＥＲ懇談会で誘致の方向へまとめていこうとの考えでやっている。そうするとそれなりの試算をやっていると思う。実際のところ全部でいくら日本負担なのか。

今村研究開発局長　あくまで現在の試算で、現時点において、建設費その他それに付随するインフラでホスト国が負担すべきもの、合わせて約４０００億円。ＩＴＥＲ計画懇談会などでご説明した。

ＩＴＥＲに本当にかかる費用は

吉井分科員　アメリカの科学技術委員会の方たちと議論し、ＤＯＥ（エネルギー省）のクレブス局長とも議論してきたが、アメリカでは随分時間をかけて議会できちんと議論している。議会評価局がいっぱいデータを出し、ＤＯＥもデータを出して議論をしている。日本では、国会議員があまり知らないところで、いくら公開していると言っても、きちんとした政治の舞台で議論がないままに進んでいる。

アメリカでは一体どんな議論がされたか、コストの問題があるが、もともとITERというのは、1億℃水準のプラズマの閉じ込めと、高速中性子からの熱の取り出しという原理からして、超高真空の領域に入るような真空容器や、ブランケット、それから多数の大型コイル、冷却系やその配管、この冷却系には液体ヘリウムを使うのでその液体ヘリウムを作るための施設とか、さまざまなもの、コンポーネントが非常に多いわけだ。

その配管の管理、維持、保守、それぞれが非常に大変なことで、問題を3つぐらいに整理すると、1つは、重量が非常に大きくて、形状が複雑。そのために、熱膨張したり熱収縮とか電磁力に耐える構造にするところから相互に剛構造にせざるを得ない。だから、重量は大体軽水炉の10倍ぐらいかかる。それから、システムが複雑に絡み合うから、相互に独立性がないために設計が非常に複雑になる。これは、設計、製作、据えつけ、保守などの費用が非常に高くなる。3つ目に、プラントを構成するシステムの種類が、軽水炉に比べて約2倍も多い。さっき言った特性を持っているから。

そうすると、これらは、火力や原発にはないさまざまなものをくっつけてやらなければいけないから、コストの問題ではこういうところが問題になってきて、実際、実用に近づけられるものか、汎用技術の転用でうんとコストを安くいけるものになるか、実際のところをアメリカでは随分議論している。

財政上の理由でコストがかかるからというふうな、そんな単純な理由でITER計画については4極から抜けてという議論ではない。材料、技術その他の面でどうなのかを、はっきりしていかなければいけない。

アメリカ議会で、今私が述べた3点は、よく議論されていると思っている。

今村研究開発局長　1988年の夏に、アメリカのセンセンブレナー下院科学委員長が日本におみえになり、議論もした。アメリカでは、建設コストが大きくて実現性に危惧があること、建設計画が不透明で、いつまでも計画が実現しないままに設計だけが続くことに危惧がある。議会としてはこれを継続することに非常にネガティブな考えと説明いただいた。

吉井分科員　問題は、なぜコストが高くなるのかについて、アメリカでどれだけきちんとした議論が行われたのか。そこをつかまないと、表面的な財政だ、コストだという議論だけで撤退じゃない。そこをきちんと説明することが必要だ。

核融合には様々な炉型と炉材料問題

吉井分科員　DOEの考え方も、さまざまなタイプの核融合炉についての基礎研究を重視する。それから、時間をかけて、レベルの高い高速中性子が壁面に当たるわけだから、炉材料の問題など周辺技術分野の研究開発を重視していく、その積み上げが大事だということを、私が超党派で（視察にアメリカへ）行った1996年の夏に、DOEのクレブス局長もきっちり言っている。

そういうなかには、レーザー核融合がコスト的にも、現在の汎用技術を中心にして進めていくうえでも、その延長線上の応用や技術開発の容易性からして、これはなかなか有力だという考えを持っているのも、私もそれは理解したが、ただ、どうも説明を聞くと、いや、アメリカは軍事技術の転用でレーザー核融合を考えているという説明がある。レーザーを使った軍事ということもあるが、今の原発だってもともと軍事からの転用だ。

汎用技術の延長線上でやっていくならばコスト的にも安くもなるし、しかも汎用技術からいけば、他のいろいろな分野への応用、転用も進んでいく。一般国民の商品として利用されていくならば、さらにコストが下がっていく。かなりいろいろな点からの見通しで言っている。単純に、アメリカは軍事技術からやっているからレーザー核融合を重視しているとは見れない問題だと思う。

核融合よりゼネコンの仕事づくり

吉井分科員　今日本で表に出てきた議論とは、どうもITER誘致、これが先に走ってしまって、それを、むつ小川原開発の失敗したところに持っていくか、あるいは苫小牧東部開発の失敗したところに持っていくか、ある程度インフラの整っている茨城県那珂へ持っていくかという話で、実際、各自治体が立派なパンフレット作って誘致合戦をやっている。

宇宙物理学者で名古屋大学教授の池内了氏が1年前に新聞か雑誌に書いておられたのを思い出す。「エネルギー問題の解決という美名に隠れた、巨大公共事業の継続としか思えない」と専門学者の指摘がある。

科学技術はそういうことになってはいかぬと思う。ＩＴＥＲを誘致するかどうかという議論に先立って、日本が核融合を本当に真面目に考えていく時に、どういうふうに基礎研究を蓄積し、そしてそれが本当に将来を見通して発展していくにはどんなステップを歩んでいくか、その過程で求められる炉材料というのは、なかなか大変な技術的な問題がある。技術的にもどう着実に進めていくのか。

アメリカが単純な理由でやめる（一時期、共同研究の4極から抜ける）だけでなく、基礎から時間をかけて着実にやろうというその発想は、大事だと思う。大臣に聞く。

町村信孝文部科学大臣　ＩＴＥＲ計画あるいは核融合、エネルギー対策、究極のエネルギー、こう言われているわけだから、日本としてはこれは重要なものとして、さまざまな研究がこれまでも行われてきた。しかも、先端技術を総合した巨大システムであるから、この分野以外にも非常に幅広く科学技術の波及効果も期待できる。

昨年の11月に原子力委員会が策定した原子力長期計画のなかで、未来のエネルギー選択肢の幅を広げて、その実現可能性を高める観点から、核融合の研究開発をまず推進すると決め、さらに、この核融合燃焼状態の実現とか核融合炉工学の総合試験などの観点から、ＩＴＥＲ計画は大変重要である。その推進にあたっては、ＩＴＥＲ計画懇談会の評価を踏まえるべきである。３番目は、核融合科学を広げる研究については、適切なバランスを考慮しながら進めることが必要である。こういう指摘がある。

そんな方針に基づいて、今政府部内においても議論している。先ほどご指摘のように、これは幅広い議論が必要だという点はごもっとも。とくに国会での議論が大切だと思っている。

私も実は不勉強で知らなかったが、このＩＴＥＲ計画については、平成３年に、工学設計活動を開始するにあたって、国会でご議論し決議までしている。国会において十二分にご議論いただきたい。

吉井分科員　国会決議に基づいて設計をする、そこからさらに進むかどうかというところは、その後の技術的蓄積や、あるいはどういうバランスをとって進めていくか。要は、核融合というものについての研究を進めることは、大事なことだと思っている。

その時に、名古屋大学のヘリカルや大阪大学のレーザーとかさまざまなものについて、この基礎研究分野とそれを実際に進めていくうえでの材料その他の周辺技術の開発なしにはうまく進んでいかない。途中をすっ飛ばして、背伸びしてしまうと大失敗になる。汎用技術を活用もしながら前進する（ことでコストダウンを図ることなど考えるべき）。

さまざまなタイプ、最後にレーザー核融合施設を見ておきたいと大阪大学に行ってきた。大阪大学のレーザー技術、アメリカの方でそれを活用して、２０１０年には実際のレーザー核融合点火・燃焼施設を作って実験を進める。日本の技術でアメリカの方が先に行く。

それは、人類全体の発展ということで考えれば、どこの国が先をとったとしても、全体のレベルが上がって進めば、それはあまりこだわらなくてもよいのかもしれないが、日本がＩＴＥＲだと叫んでいる間に、レーザー核融合の分野で、大阪大学の水準と比べてみても決して進んでいなかったアメリカの方が実は今先に進んでいく。一遍、ＩＴＥＲに進んで、４０００億円という話が先ほどあったが、実際はもっとかかるだろう。それで、他の分野が予算的にこの財政のなかで圧迫されて、遅れをとるということになると、これは本当に大変な問題でもある。

東京大学のウォルフ賞を（のちにノーベル賞も）受賞された小柴昌俊先生（故人）から、「ＩＴＥＲについて話をしたい」と声を掛けていただいて研究室へお伺いしたことがあります。「三重水素と二重水素でヘリウムに変える時に中性子が飛び出すＴ－Ｄ反応でなく、トリチウムを使わない二重水素と二重水素のＤ－Ｄ反応の研究に力を入れるべきだ」と話されました。核融合については、「Ｔ－Ｄ反応」か「Ｄ－Ｄ反応」かどうかで進めるかなど学者間で議論があります。やはり、出発のところで基礎研究と周辺技術の開発などを着実に進めながら、本当に前進できる方向というものをどう切り開くか、この点で日本は深めるべき経験を持っていると思います。

吉井分科員　日本の原発の出発では、実は日本原研へ事実上アメリカから原研1号炉をただ同然でもらった。戦後日本の財政も大変な時だった。これで（日本の原発の炉型が）軽水炉タイプに決まった。

そして今、使用済み核燃料の問題、再処理してプルトニウム循環に走ってしまう。しかし、高レベル廃棄物をどうするかなど、さまざまな問題でいろいろな分野で行き詰まりを来し、問題に直面している。一遍どこかにレールを敷いて、巨大な予算を投じたら、走り出してしまって、そこからの路線変更が難しくなる。これは本当に将来に禍根を残す。

それだけに、ＩＴＥＲ懇などで昨年末にもまとめようと急がれて、いろいろ異論があって12月が1月になり、今また延びているが、そういうところで結論を急ぐのでなく、日本の核融合全体としてどういう進め方をするのか、その基本のところが問われている。基本をしっかり踏まえた学問研究と技術を結びつけた取り組みが大事だ。

そういう点では、大学と国立研究機関の役割は非常に大事だと思う。基礎と技術の着実な積み上げのなかで、将来的にひょっとしたらＩＴＥＲを誘致しようということになるか、ヨーロッパでやってもらうか分からないが、あまり結論を急がないで、今の時代に合った着実な進め方をきちんと考えるべきだと思う。

町村文科大臣　大変貴重なご指摘をいただき、感謝する。国際的な流れのなかでは、今年の夏頃までに、それぞれの国がどうするのかとの態度表明しなければならない。２週間ほど前、国内の核融合（研究者）のかなり幅広い方々が２、３００名集まって、２日間にわたってかなり真剣なご議論をざっくばらんにしていただいた。そうした議論なども十分踏まえながらやっていきたいと思う。

たしかに、国内３地域からの誘致活動があるが、ちょっと見ると、やや他のプロジェクトと似たような、「地域おこし的観点」が少し走り過ぎている感じがしており、長い将来にかけての研究活動というものがどう行われるべきか議論がなければならないと思っている。

ただ、非常に重要な、可能であれば進める魅力ある重要なプロジェクトと思う。国会でのご議論なども
これから活発にしていただき、ご理解を得ながら、私どもも情報公開し、原子力あるいは核融合は非常にオープンにし、公開された情報を基にして専門の方々のご議論も十分いただき、国会での議論もいただいて、きちんとした結論を出す。

この時の町村文科大臣は故人となっています。２００５年6月28日、モスクワで候補地が決定された後の２０１１年10月に私がフランスのカダラッシュへ行った時には、国際協力事業としてＩＴＥＲの建設が始まっていました。これが壮大な物理の実験装置として、どのような「成果」を残すのか、関心を持って見ていきたいと思います。

１９９９年に大阪大学レーザー核融合研究センターを訪ねた時に、当時所長を務めておられた山中龍彦教授（故人）は「誤解を受けずに研究できるために、世界中で核兵器廃絶を実現してほしい」と訴えられました。

第Ⅳ部

コロナ禍以後の脱原発・リスク分散社会へ

第9章　原発廃止の後始末をどうする

東日本大震災で被災した東北電力の女川原発2号機（宮城県）は、２０２０年11月11日に地元自治体の同意を得て、再稼働に向けて動き出したと伝えられました。福島第一原発の1～4号機の爆発事故も女川原発の事故寸前までいった危機的状況もよく知っている原発被害を受けた自治体で、どうしてこうなったのか分からないという声が聞こえてきます。

1　なぜ異常な「原発」体制ができたのか

「再稼働」同意の背景には、国などから配られる「原発マネー」に深く依存する地元自治体の事情が浮かび上がってきます。

原発停止しても再稼働する仕掛け

原発マネーのうち、自治体財政に影響を及ぼすものは「電源三法交付金」と呼ばれるものです。三法交付金の目的や使い道については、「原発立地協力金」ということで、もともと原発の稼働実績に基づき配分額を割り振りし、保育園や図書館などを建設して「公共サービスの向上を図る」ことなどが名目でした。しかし、震災後に政府が名称や仕組みを変更し、長期にわたって原発を停止する場合でも立地自治体が交付金を受け取れるよう策を講じてきました。

原発建設など大型開発の地元同意や協力を取り付ける狙いから始まった「電源開発促進法」「電源開発促進対策特別会計法（旧法、現在は「特別会計に関する法律」）」「発電用施設周辺地域整備法」のいわゆる「電源三法交付金」が原発立地自治体に配られます。その年間総額は、年度により、名目や原発を巡る情勢変化により変わりますが、税率と販売電気料金収入の掛け算で決まります。福島原発事故の翌年、２０１２年度の電源開発促進税収は３３００億円にのぼり、大体毎年少なくとも３０００億円くらいになります。

電気料金の徴収の時に電力会社が税務署の代行をして徴税し、一度電力会社から国庫に納められたものが、この制度によって原発立地自治体に配られています。福井県の例で見れば、年間２００億円くらいが自治体に入ってきます。

原発依存を強めるほどに、自治体の歳出も「身の丈」を超えた大型公共事業に走って、歳入に原発マネーを当てにせざるを得なくなります。そのうえ、電力会社や下請け企業の仕事に地域経済を委ねることで、ますます依存度を高めます。

東北電力女川原発の町を見ますと、女川町当局によると、震災前年の２０１０年度に配られた三法交付金は約５億３０００万円。震災後はさらに増えて、２０１１年度と２０１８年度には運転年数が30年を経過したことで配られる交付金（２基分で計10億８０００万円）が支払われたこともあり、14億円超に膨れ上がりました。女川町の自治体財政が「原発関連資金」頼みとなり、企業活動も原発関連の下請け企業が、地場産業とかかわりのある企業よりも、国と電力や原発関連企業と経済的つながりを深めることによって、産業構造も原発依存に歪められてきています。

「原発利益共同体」に確実に入る利益

この大本にあるのは、「総括原価方式」です。電力会社が原発にいくら巨大な投資をしても、事故で莫大な賠償や改修などの負担が生まれても、それらは全て「原価」とされ、これに事業報酬率（年度によって変わりますが、例えば２・５％など）を掛けたものを加算して計算されるものが「総括原価」で、これは全て市民の電気料金で賄われます。だから、電力会社は何も困らないという仕組みが総括原価方式と呼ばれるものです。「電力自由化」で姿かたちに若干の変化が生じても、基本になるのは総括原価方式の考え方です。

電力自由化でも「総括原価方式」は維持

ここで「若干の変化」としたのは、これまでのように発電、送電、売電などの各分野で生じた費用を全て「総括原価」として消費者に割り振るのでなく、発電と売電については「電力自由化」によって、新しい電気事業者の「参入」が建前として認められています。そうなると、原発の建設、稼働、維持管理から送電や売電、廃炉から高レベル放射性廃棄物の最終処分地、さらに福島原発事故に対する賠償金支払いの負担分などの関連経費まで含めた「原発コスト」を、新規参入電力会社・共同グループなどから送電線の使用料金に相当する「託送料金」以外に徴収する理屈が成り立ちません。

そこで、「託送料金」に全ての「原発コスト」を潜り込ませて、消費者から、電力会社の電気であれ、新電力などから購入した再生可能エネルギーによる電気であれ、全て送電線を使うからとして「託送料金」の形で「原発コスト」を負担させる仕組みにしました。

では、「託送料金」はいくらくらいで、電気料金に占める割合はどれくらいなのか。東京電力と関西電力の２つの大手電力会社の託送原価は、それぞれ１兆４６３０億円と７１１８億円になると、西日本新聞（2015年11月28日付）は伝えました。また新エネルギーの販売をしている企業の紹介では、託送単価は1kW当たりそれぞれ8円57銭と7円81銭と示されています。大口利用者向けの電気料金が安すぎて、市民向け小口電力は高すぎるという、電力会社に対して批判がありますが、その計算根拠となる資料の全面的な公開はなされていません。

２「原発利益共同体」は財界中枢部

なぜ原発に走るのかを考えますと、まず原発建設にあたるのは、原子炉は三菱重工業（PWR型）と東芝、日立（ともにBWR型）で大体東日本はBWR型、西日本はPWR型と2分してきました。1基建設するのに約5000億円かかります（最近は安全対策工事費などで1兆円前後に膨れています）。これは原発メーカーにとって巨利の得られるビジネスです。もちろん工事は大手ゼネコンで、莫大な鉄骨・鉄板などの納入は日本のビッグビジネスの頂点に立つ新日鉄住金などの鉄鋼メーカー、大量のセメント・コンクリートの納品は大手セメント会社、およそ10年におよぶ長期の工事期間の資金調達はメガバンクが引き受けます。これらは全て日本財界の中枢部をなす企業群です。これを「原発利益共同体」と呼んでいます。

原発は事故で停止していても、老朽化して稼動させるのに資金が要るように見えても、税法上の減価償却は耐用年数16年で計算されて、「税法上の寿命」が終わっていて、後は稼動するだけで儲けがあがりますから、電力会社が廃炉に抵抗し、再稼働にしがみつくのも理由があるわけです。

「地元協力者」とは共同を

原発推進の立場で一生懸命にやっている研究者を「御用学者」と呼んだり、いつも提灯持ちの記事を書く新聞社を「御用新聞」と呼び、原発マネーのおこぼれに走った研究者、マスコミ、住民に「金の亡者」とか「節操がない」とか非難する人もいます。

しかし、これらの地元の住民は原発利益共同体本体のメンバーではなく、利用され、しゃぶられている人たちです。だから、とりあえず今立っている立ち位置が離れていても、「対立」を煽り「分断」を企む「原発利益共同体」に乗せられないで、「原発の危険から命と健康を守る」ことや、「プルトニウムを燃料にして燃やす危険なプルサーマルには反対」、「高レベルの放射能のゴミは勝手に埋め立てや野ざらしにすることは許さない」など一致できる部分を拡張して、原発でない別の安全なエネルギーや地域産業・経済の道筋を共同して模索していくことが大事だと思います。

3 エネルギー計画に民意が反映されない

「原発を止めよう」とか「再生可能エネルギーを爆発的に普及させよう」と国民の世論や運動が高くなってきても、政府がなかなか決断しないで、ずるずると「原発設置許可」や停止中の原発の「再稼働」を許す背景に、国民の声が政治に反映しない仕組みがあります。

普通の市民が考えれば、「これだけ問題になっている原発なのだから、エネルギーの需給をどのように見込み、それをどのエネルギーによって賄うようにするかということを国会で審議して、採決もして決めているのだろう」ということになると思います。ところが、法律案として国会に提出されたものについて質疑して、煮詰まったところで採決するということにはなっていません。黙っていれば、エネルギー関係の資料は、「白書」で出されるもの以外には出てきません。

原発について考えてみると、原発設置を許可するかどうかとか、そもそも原発導入を主張する政府が、日本のエネルギーの需要をどれだけと見込み、それを賄うエネルギーのなかで原発の比率をいくらにするかという「長期エネルギー需給見通し」を国会に提出して、審議して、議決するということにはなっていません。

三権分立と言いながら、行政府が閣議で「長期エネルギー需給見通し」を決定し、全て「予定どおり」原発推進も石炭火力増強も進めてきました。

再エネへの転換

資源エネルギー庁によると、2019年度の日本の発電量に占める石炭火力発電の比率は31・9％で、前年度比1・4％減にとどまっています。再生可能エネルギーは水力発電を含めて18・0％で、水力を除く太陽光、風力、バイオマス、地熱などで10・3％という状態で、石炭火力発電の3分の1でしかありません。菅義偉首相が「2050年温室効果ガス排出量ネットゼロ」を宣言しても、それを実現するには、2030年には排出量を45％削減（2010年比）し、再生可能エネルギーの比率を60％に高める必要があります。現行の政策を続けていたのでは、菅首相の宣言を実現するにはほど遠く、抜本的な転換が必要です。

世界のエネルギー供給体制の見通し

国際エネルギー機関（IEA）は今回の「世界エネルギー見通し（World Energy Outlook 2020）」で、初めて「2050年ネットゼロエミッション（NZE2050）」の長期シナリオを明らかにしました。これまでのベストシナリオの「持続可能な開発シナリオ（ＳＤＳ）」では、ネットゼロ実現は２０７０年で、パリ協定の目標と整合しない問題がありました。今回、２０５０年ネットゼロのシナリオに沿って、２０３０年までの10年間での各分野の削減推計量（削減必要量）などを示しました。

電力部門での伸びが減速していても、再生可能エネルギーは２０２０年も着実に成長して、２０２０年に増えた発電能力の約90％を再生可能エネルギーが占めています。ＩＥＡの「Renewables 2020」を見ると、中国と米国で新しい再エネプロジェクトが急増し、世界の新規電力のうち約２００ギガワット（GW）を占めていることが示されています。日本の立ち遅れが目立ちます。再エネで増加したのは、主に水力、太陽光、風力です。風力と太陽光の発電用機械設備などの資産は中国と米国の2国で30％増加する見込みです。

ＩＥＡは２０２０年11月10日に、「２０２０年と21年の世界の再生可能エネルギーによる発電能力が過去最高を更新する」との見通しを示しました。ロイターの報じる所では、ＩＥＡの予測どおりなら再生可能エネルギーの発電能力は、２０２５年までに世界最大の電力源になる可能性があり、再生可能エネルギーは世界の電力の３分の1を供給することで、気候変動の要因となっている二酸化炭素排出量を削減することでも、電力供給の面でも、将来に展望が開けてきます。

日本の再エネは世界水準に近づくか

菅首相が「日本の温室効果ガス排出を2050年までに実質ゼロにする方針」を表明したことを受け、「石炭火力フェーズアウトの道筋」について、「気候ネットワーク」など環境問題に取り組んでいる団体から、批判と積極的な提言が出されています。菅発言はこれまでの政府の態度に比べて一歩前進と言えますが、それをどのように具体化していくかについての計画を明らかにしなければならないと思います。

とくに、東電姉崎火力発電所（60万kW、1996年6月に3人死傷事故）や関電海南火力発電所（60kW、1972年、発電機主軸カバーで水素爆発事故）のように火力発電の事故は度々起こりました。防災面だけでなく、運転開始から半世紀以上になり老朽化して、発電効率が低くて、二酸化炭素を大量放出している発電所です。これを段階的に、2030年までに全て廃止する方針を持つことが必要です。廃止措置に向かうスケジュールを明らかにするとともに、計画中・建設中の石炭火力も廃止することを明確にすべきです。

国内の石炭火力発電設備は1970年代以降増加し続け、現在、発電量の約3割を占めています。稼働中のもので162基、発電量合計4928・9万kW（49289mW：2020年11月時点）となりますが、原発停止の時の代替電力を担っていることと、原発の時代にも原発停止事態に対応する電源として「廃止しないで休止」という扱いで過ごしてきたものですから、二酸化炭素対策設備も十分でなく、これらの石炭火力発電所からの二酸化炭素排出量は、日本の温室効果ガス排出総量の約2割を占めて、最大の排出源になっています。

電力会社は原発依存で進めてきた結果、例えば、2011年の3・11原発事故直前の2010年度の関電で見ますと、全ての発電施設の設備容量に対する原発の発電設備容量は28%くらいで推移し、それでいて発電量に対する原発依存度は50%、関電の発電の半分は原発で賄ってきました。この結果、原発停止により遊休火力発電の総動員で電力供給を行いましたから二酸化炭素排出の割合がいっそう高い火力発電になりました。

4 「核」にもライフサイクル・アセスを

通常は、新商品を開発して市場に出そうと思ったら、製品の素材の吟味、開発と流通過程で起こり得る問題、製品のリサイクルや廃棄物の回収と安全性、廃棄物処理場の安定性などについて、全ての段階でアセスメントを行って、「大丈夫」となれば商品として流通させます。ダメなものは、研究開発段階で商品化を断念します。実際に、商品として店頭に並ぶ段階で、毒物や危害を及ぼすことが明白になったものが、市民向け商品として販売されることはありません。

本来、原発導入の時から核燃料の確保の道筋を考えるべきでした。核燃料が人形峠（岡山県と鳥取県の県境の地域）以外にほとんどない日本は、ウランの確保に困っていました。そこでアパルトヘイトと呼ばれる人種隔離政策をとっている時代で、国連から経済取引禁止の制裁措置が取られていた南アフリカ共和国が占領支配していた隣国のナミビアからウランを採鉱して、日本が輸入していました。このことは、明らかに国連の「制裁決議」違反でした。「核燃料サイクル」と言ってきたものは、入口のウラン調達の初っ端からダーティーなものでした。

原発プラントが安全性の高いものか、日本の研究開発から生み出された技術の蓄積から作り出されるのか、アメリカからの購入で事故責任はアメリカ側にあり日本の主張が入れられるものなのか、など日本の技術基盤の整備を考えながら始まったものではありません。だから福島第一原発事故の時、「事故責任はアメリカには一切ない」「GE社が東京電力に原発を引き渡した時点から事故責任は全て日本側が負う」とした「ターンキー協定」（免責条項、米国メーカーに製造物責任不問）が交わされていて、GE社はいっさい事故責任も賠償責任もないという「免責」を早々と表明しました。

これは日本にアメリカから原発を導入する最初の時期に確立されたルールです。アメリカには、1953年のアイゼンハワー大統領の国連演説「平和のための原子力」で、核軍事産業の原発ビジネスへの転換という方針を示した後、アメリカの安全保障の立場から「プルトニウム拡散にブレーキを掛ける」ということで、1956年に「日米の特殊核物質の賃貸に関する協定」が交わされました。この「協定」のなかで、第4条に「免責条項」が入れられました。それは1958年の「日米原子力協定（動力炉協定）」調印に際しても、第5条で「免責条項」を定めました。

一方、日本の原発メーカーがアメリカに納品した時には、「サンオノフレ原発の蒸気発生装置の設計ミスがあった」として、三菱重工から500億円を超える「賠償金」を支払うこととなり、また日本国内で再処理工場の建設・稼働にはアメリカ側が規制を行いました。ここには、アメリカの核不拡散政策という軍事支配の下に日本の核・原発政策を従わせる意図が汲み取られます。

原発メーカーの「商品」となった原発は、放射能汚染、汚染水放出、使用済み核燃料の処理、高レベル放射性廃棄物の処分場など、どの段階でも「アセスメント」など考えることなく、「成り行き任せ」の「核燃料サイクル」「原発推進」が進められました。

5 アセスは汚染水や廃棄物にも

核燃料サイクルのアセスメントというのは簡単ではありません。これまで原発を含めて「上流側」を観てきました。しかし、原発では放射能汚染したガスの大気放出や核燃料と触れて汚染された冷却水の扱い、さらに使用済み核燃料の処理をどうするか、高レベル放射性廃棄物の処理をどうするか、そのことと関わりのある廃棄の手法をどうするかなど、廃炉後の研究課題は多いのですが、軽く扱われてきました。

今、福島原発でトリチウム汚染水放流問題が出ています。これは、2011年3月11日の原発事故から始まったことです。東電福島第一原発の原子炉建屋にある熔融核燃料（デブリ）を冷やす水を注入し続けなければならないので、デブリに触れた汚染水が発生するのは当たり前です。これをタンクに貯蔵するので、貯蔵容量が増えすぎて「大変だ」として海洋放出が企まれています。

東電は2013年に汚染水処理をするためとして、ALPS（多核種除去設備）を導入しました。しかし、ALPSの「処理水」では「トリチウム（半減期が12・3年）以外の62種類の放射性物質を除去している」としていたのに、2018年8月の、処理水の扱いについて議論する政府小委員会主催の公聴会の直前になって、ヨウ素129やルテニウム106など複数の放射性物質も排水の法令基準値を超えて残っていると明らかにしました。

これは2002年の「東電のトラブル隠し」の再発です。2002年に発覚した時は、福島第一、第二原発などの自主点検で、炉心隔壁のひび割れなどのトラブルを下請けの検査会社が見つけて報告していたのに、東電は見つけた事実を放置し、修理した記録を改ざんした事件でした。今回の汚染水のデータ隠しも同じです。

東日本大震災で原発事故が発生してから、「風評は県内全域で重くのしかかってきた問題」となり、福島県産の米の全量全袋検査実施など風評払拭に向けた取り組みを重ねて、ようやく良い方向に向かってきたところです。それを無視してトリチウム汚染水を海洋へ放出する方針を漁民、県民に押し付けることに住民の怒りが高まっています。

オリンピック誘致の時には、「福島原発の汚染水は完全にブロックされている」と、当時の安倍首相が国際公約したことはどうなったのでしょうか。ブロックされておれば、放流の必要は全くないはずです。

トリチウムは放射性物質の一つで、1グラムのトリチウムは357テラベクレルの放射能を放出します。日本は「原子力発電所を運営する他の国もトリチウムを排出しているので福島から放出されるトリチウムだけが特に問題になるわけではない」と主張して、原発事故で発生し続けている汚染水を一緒に論じようとしています。しかし、ITERを日本に誘致しようという問題が出てきた時、慎重になった根底にトリチウムの扱いが技術的に困難という事がありました。

トリチウムを含む水を完全に除去することはできません。12年余りの半減期を何回も繰り返して減衰していきます。福島原発の敷地は、もともと他の産業や住宅地に予定していたものではありませんから、そこにまともなタンクを設置して時間の経過を待つほかありません。

使用済み核燃料の処理

使用済み核燃料の処分方法も決まらず、活断層列島には安定した地層が地下になく、高レベル放射性廃棄物の最終処分場を決めることもできません。その段階で、かつて高知県東洋町で「文献調査だけだ」とだまして、金で釣り上げようとしたNUMO（ニューモ、原子力発電環境整備機構）などの企みを崩したのに、また北海道の財政的にピンチに追い込んだ町、寿都《すっつ》町と神恵内《かもえない》村に目を付けて、「地下埋設処分場」を作るのに協力させようとしています。

どういうエネルギーを選択し、どのように活用し、廃棄物の処理をどうするかという、一般の商品開発のなかで考えられるのと同じようにライフサイクル・アセスメントが考えられなくてはならないと思います。原発の場合には、使用済み核燃料の後始末をどうするのか、再処理するのかしないのか、高レベル放射性廃棄物の扱いをどうするのか、日本が原発開発と推進を進め「核燃料サイクル」を掲げた1954年から、まずこれらのことを考えるべきでした。考えが及ばない時は実験室で研究はしても、大規模な商業原発に進んではならないことでした。「トイレなきマンション」と呼ばれながら原発の急激な新設を進めた結果、大量の使用済み核燃料が生まれ、そのなかには核兵器の材料となるプルトニウムが大量に生み出されました。再処理をどうするか、高レベル放射性廃棄物の扱いと処分場をどうするか、事故続きの核施設を前に議論が展開されました。とりあえず、1998年4月10日の衆議院科学技術委員会会議録から見ていきます。

核のゴミをどうするか

加藤康宏科学技術庁原子力局長　高レベル廃棄物対策としては、2000年頃に実施主体を作り、2010年頃には処分候補地を決め、2030年か40年頃に処分の事業を始めようと考えている。処分の事業的なものは、ご指摘の子々孫々に負担を残さない。一つは経費の問題があり、今、廃棄物を発生させた人がやはりお金を負担すべきだ。そういう考えで、高レベル廃棄物はあらかじめお金を取る制度の創設が必要。

吉井英勝委員　要するに、ガラス固化体にして、30年、40年、とりあえず冷却などをやりながら置いておいて、実施主体だけは先に決めて、場所も選定し、レベルが下がったところで、埋め込みましょうというお話。今の世代で責任の持てるということは、高レベルの放射性廃棄物を、消滅か、短寿命化、低レベルのものに切りかえていく技術開発、そういう研究が必要。

加藤原子力局長　地層処分のオプションとして、群分離とか消滅処理、そんな研究開発を進めるべきではないか。現在、高レベル廃棄物の資源化と処分に伴う環境への負荷の低減という観点から、核種の分離、消滅処理技術、それに関する基礎的な研究開発を進めている。日本原子力研究所で、陽子加速器により核破砕による消滅処理の研究、動燃事業団では高速炉を使いアクチニド核種を燃焼させて減らす、そういう研究が行われている。電力中央研究所、いろいろな大学などの研究機関でも基礎的な研究が行われている。原子力委員会の中のバックエンド対策専門部会で、これまでの研究成果のチェックアンドレビューをする予定。しかし、完全になくすのは難しく、地層処分は必要と考える。

吉井委員　ものを使えば、普通のものでも産業廃棄物が出る。しかし、高レベルのものを子々孫々にそのままツケを回すわけにはいかない。青森県の三内丸山遺跡にしても、鹿児島の上野原遺跡にしても、大体４０００年から1万年ほど前のものだが、プルトニウムの半減期で2万４０００年だから、本当に非常に長い時代に及ぶもの。子孫にツケを残すということはできない。答弁を聞いていると、（現在の組織にする前の）新しい動燃事業団でやろうとするのは、あくまでも高レベルのままでガラス固化体にして深地層処分。基礎研究はあくまでやらない。切り離して、原研などを中心に基礎研究をやる。高速炉の開発を進めるという。プルトニウムをどんどん増やす方向で、最終処分の計画や高レベル廃棄物の技術の方は、簡単に進まないという。すでにやってきた軽水炉の段階で、「トイレなきマンション」でやったものを、ますます深刻にしてしまう。

どういう道を進んでいくのかという点で、高レベルのままで、とりあえず深地層に埋める方向で新動燃を中心に進めている。それでいいのか。根本的に原子力の研究開発について考えていかなければいけない。

加藤原子力局長　少なくとも、高レベル廃棄物の処分の方策として、過去もいろいろな方策が検討された。ご指摘のように、技術でもって消滅させるとか、考え方としてはあるが、現時点として現実的な方法は地層処分しかない。もちろん、消滅処理とかそういうものの研究は続ける。動燃事業団あるいは新しい法人は、一つの目標を持ってチームとして開発をしていく。当面、軽水炉の燃料サイクルで非常に重要な高レベル廃棄物対策、そのなかでの研究開発、そこに重点を置いていく。

吉井委員　（川内原発のある）鹿児島の上野原遺跡は、約1万年近く前の話になるが、プルトニウムの半減期2万4000年からすれば、「最近」の話になる。科学技術にしてもエネルギーを考えるにしても、数百年、数千年、数万年、本当は億単位で考えなければいけない。そういうことを見通して考えていかなければいけないところに、これからの科学技術の問題がある。

低レベルにして深地層への処分と、高レベルのままの埋め立て処分、とにかくもう処理はちょっとお手上げだ、その技術開発や研究などは進んでいないが、とにかく埋め立て処分してしまう、という発想では、後世の人々に対する責任は果たせないと思う。

アセスどころでない実態

吉井委員　「動燃体質」とよく言われてきた（筆者注　核燃料サイクルを進めるための「公団」は相次ぐ失敗のなかで、次々名称を変更し、事業内容を変えたりしながら、結局、電力会社や原発メーカーなどの「原発利益共同体」は事業による巨利は彼らの懐へ、負担は電気料金と税金でという仕組みを築いてきました。その途中経過の一つとして、「動力炉・核燃料開発事業団」が作られました）。問題は、この動燃体質の何が問われたのかということだ。プルトニウムリサイクル、核燃料サイクルの確立という国策と、そのためには、いつまでに原型炉を成功させ、いつまでに実証炉へ進んでいく、このスケジュールを狂わすことはできないという、いわば事実上の強制や強迫観念があって、それで少々のことならばもう包み隠して突っ走っていく。これが（「秘密主義」で）原発推進に走っていった根底にあったのではないか。

近藤隆彦動力炉・核燃料開発事業団理事長　動燃の体質ということは方々で指摘された。昨年（1997年）8月に発表された動燃改革検討委員会の報告書あるいは国会での審議でも、たびたび事業団の体質についてご指摘をいただいている。

それらを考えると、第1に、立地地域の方々をはじめ一般社会の方々の意識と動燃職員の意識が乖離していた。技術者・専門家として、「放射能漏れがなければよい」とか、「法定レベル以下であればいい」、「何のための法定レベルか」、こういった意識があり、やはり「安全より安心を求める社会の意識」とそこに大きなずれがあった。

吉井委員　監事がいるが、その監事が就任する前の動燃職員の時代に、あのドラム缶の腐食問題などを隠す方の働きかけをやったり、会計処理のごまかしなどをやって、隠ぺいを指示したのに、「黙っておけ」と指示することまでやった。

日本の企業のなかではいわばトップランナーとして走ってきた大企業の社長たちが動燃の理事長

などになって「経営の不在」と言われるような酷い事態だった。

国立研究所や特殊法人の研究所などを回っていて、東京近辺である研究所をお訪ねした折に、所長や副所長らと懇談すると、動燃の話になった時、自分の研究所では主任研究員クラスの自治や自立機能の果たせる研究所になっているが、動燃では主任研究員クラスの方も、自主性や自立性のない状況に追い込まれているのではないかと、懸念して見ている。研究者の自治や自立が認められないで、妨げられているような組織的欠陥を持っているという指摘があった。

「高レベル・ガラス固化体・深地層」だけでいいか

吉井委員　高レベル廃棄物の最終処分となると、我々の現役世代の間にコントロールできるぐらいの短寿命、低レベルのものになっていくという技術の確立なしには、技術が確立したということにはならない（筆者注　それでいて、政府は、高レベル放射性廃棄物の最終処分場だけは決めて、地下３００ｍより深いところで、地盤の亀裂や歪みの出ない安定した地層で、地下水による侵蝕もないところを見つけるとしていますが、ユーラシア大陸から離れてできた島で、４枚のプレートがせめぎ合っている日本ではおよそ不可能と考えた方がよいと思います）。

本当にこれが我々人類がコントロールできる安全技術の水準の枠のなかで処理可能なものになるのか。まだその段階に到達せず、安全技術の枠のなかには収まらないし、最終処分を含めて全体としてサイクルは完結しない。

その段階で、プルトニウムを循環して使用する方式、核燃料サイクル政策、これを決めたから、何が何でもこれを守り通すということで貫くのに無理が出ている。そこを改めて、今度の法律改正にあたって、原子力政策そのものの根本が問われている。

6 「核燃料サイクル」と最終処分場

国策の「核燃料サイクル」の方針で原発政策を進め、全国の原発で使用済み燃料プールの容量が逼迫するなかで、各電力会社も独自に「中間貯蔵施設」という建屋内の使用済み核燃料プールがいっぱいになった段階で、原発敷地内にも「乾式貯蔵施設」を設けるなどしています。しかし、稼動を続けると、もはや構内は容量一杯になって、保管できなくなっていきます。そこで全国の電力会社が出資して原発敷地外の保管場所として中間貯蔵施設を六ヶ所村に作りました。その一方で、先に触れた使用済み燃料を、空冷式の金属容器に入れて保管する「乾式貯蔵」を行い、再処理するまで最長50年間保管する計画で、すでに既存の原発敷地内で空冷式の貯蔵庫の運用が始まっています。原発再稼働や新増設を考えなければ、敷地内で解決して、六ヶ所村にこだわらなくてもよいことになります。

50年間の敷地内保管の後は、日本原燃の使用済み燃料再処理工場（青森県六ヶ所村）の貯蔵庫に移し、これとは別に、プルサーマルを行った炉の使用済みＭＯＸ燃料用の再処理工場（新設予定）への搬出も想定していましたが、原発先細りのなかで、プルサーマル用の第２再処理工場の新設は計画自体が見通せなくなっています。通常の使用済み核燃料は、原発敷地内に空冷式の貯蔵庫が作られ、運用しています。

50年から先をどうするかについては、政府は「高レベル放射性廃棄物のガラス固化体」にしたものを「深地層に埋設」しようとしています。火山・地震国で安定した地層がないのに、「大丈夫だ」と決めつけて、「文献調査費」とか各種の「協力費」「交付金」などの名目を付けて金で解決しようとすることを止めさせることが必要だと思います。原発を作ってしまった後始末はしなければなりません。答えを決めつけないで、将来のことを考えずに進めた「核燃料サイクル計画」の後始末そのものを、これからの研究課題として取り組んでいくべきです。ライフサイクル・アセスメントを行わないで巨大事業に取り組んだことが、破綻に導きました。

第10章　日本のこれからのエネルギー

報道されているように（「日本経済新聞」２０２０年11月10日付）、世界で強まる脱炭素の流れを受けて、東芝が石炭火力発電所の新規建設から撤退することと、事業の軸足を再生可能エネルギーに移すことを明らかにしました。

1　脱石炭と再エネへの取り組み

すでにアメリカのジェネラル・エレクトロニクス（ＧＥ）とドイツのシーメンスは原発ビジネスから撤退して、石炭火力からも撤退という、本格的に環境問題に取り組む方向へ転換する姿勢を示していることも紹介されました。ＧＥやシーメンスが原発から撤退した後も、原発メーカーとして続けてきた東芝がウェスティング・ハウス社の株買収で大きな損失を出して、今、原発から完全に撤退する方向へ向かうか、まだ原発に期待を持っているのか（原発専門子会社を分離して、原発事業への足掛かりを残している）、一応は石炭火力から撤退をしても、日本企業の環境問題に向き合う姿勢にどれくらいの変化が生まれているのか見ることができます。

エネルギー基本計画の見直し

梶山弘志経済産業大臣は2020年10月9日、臨時閣議後の記者会見で、エネルギー基本計画の見直しに向けて、「新内閣においては、エネルギー政策を進めていくうえで脱炭素化社会の実現、エネルギーの安定供給に取り組むことが方針とされている。また、国際競争力や国民生活の観点から、エネルギーコストについても配慮が必要だと思っている。こうした3E＋Sの観点を踏まえて議論を進めていただきたいと考えている」と述べました。

一方、菅首相が、「日本の温室効果ガス排出を2050年までに実質ゼロにする方針」を表明したことは一歩前進ですが、その具体化の計画を明らかにしていません。とくに問題になるのが、運転開始年が古く、発電効率の低い発電所から段階的に、2030年までに全て廃止するスケジュールを示し、計画中・建設中の石炭火力も廃止を明確にすべきです。

国内の石炭火力発電設備は1970年代以降増加し続け、現在、発電量の約3割。稼働中は162基、発電量合計4928・9万kW（2020年11月時点）。これらの石炭火力発電所からの二酸化炭素排出量は、日本の温室効果ガス排出総量の約2割を占め、最大の排出源になっています。菅首相が、「温室効果ガス排出を２０５０年に実質ゼロ」というからには、「石炭火力ゼロ」を表明しなければなりません。原発で削減量を代替させるのも許されません。

ＩＥＡの予測どおりなら、再エネは２０２５年までに世界最大の電力源になる可能性があります。「その時までに再生可能エネルギーは世界の電力の3分の1を供給する」となれば、予想が現実になる可能性があります。日本は特別の取り組みの具体化と強化が必要です。

エネルギー基本計画のパブコメで示したこと

「エネルギー基本計画」に対するパブリックコメントが募られていた２０１８年8月20日に、私は「地球史的規模の地震・津波・カルデラ噴火・集中豪雨の時代のエネルギー政策の基本」と題して、政府にパブリックコメントを送りました。１回あたりのパブコメには字数制限がありましたので分割して送りました。それらを合体させて、そのうちの項目だけを載せます。内容については、本書で概ね盛り込んでいます。

①「エネルギー基本計画」は国権の最高機関で審議・決定するべきもの　②エネルギーとは何か、エネルギーはどうあるべきか―が考えられるべき　③地球史的変動のなかでのエネルギー　④日本で

の巨大な変動の記録　⑤異常事態の発生のなかで原発再稼働や新設が許されるか　⑥自然現象と人災　⑦国富の流出をゼロに　⑧電源別発電コスト　⑨産業政策としての誤り　⑩再生可能エネルギーの物理的限界潜在量　⑪送電設備は原発設置時代にほぼ完成　⑫原発の発電コスト　⑬エネルギーと産業政策　⑭持続可能な地域経済の構築　⑮憲法の示す道

2　巨大資本ではなく住民主体の再エネを

巨大資本による環境破壊・災害

全国各地でかつてのコンビナート造成時のように、地域の環境破壊や災害を惹起するような風力発電会社が出てきています。

例えば、北海道では「風力開発のグリーンパワーインベストメント」（GPI、東京都港区）が２０２０年10月13日に北海道石狩湾沖で洋上風力発電の新設構想を発表しました。発電出力は最大96万kWで、64～80基の風車を洋上に建てることにして、２０２９年4月からの稼働を想定しています。GPIは２０１９年8月に北海道電力と「洋上風力の新設を目指す連携協定」を締結しています。地域対応や技術面で協力を仰ぎ、２０２６年の着工を目指し、基礎部分を海底に固定する「着床式」を想定しています。

秋田県は北海道、青森県と並ぶ〝風力御三家〟となり、大型風車311基が沿海部を中心に立ち並び、総出力は64万kW余りに上っています。

青森県の風力発電の取り組みは、自治体レベルでも早くて、20年ほど前に竜飛岬へ雪の深く降り積もる中を見に行きました。風況がいいことを実感しました。

山形県でも洋上風力計画が出ています。

鹿児島県でも、薩摩川内市、阿久根市、出水市、伊佐市、さつま町の4市1町にまたがる紫尾山周辺地域で、およそ7200haに最大130基の風車の建設を、東京の事業者3社が計画を進めています。発電量は、1時間当たり川内原発1号機のおよそ6割にあたる55万kWの計画です。市民グループは、施設が建設されると、周辺の生態系に影響を与えるほか、騒音で地域住民に健康被害が出る懸念があるなどと主張しており、土地の利用を制限する保安林の指定を解除しないよう国に働きかけることなどを、塩田康一知事に求めています。

こちらは前記に比べると規模は小さいですが、異業種から再エネで利益を狙ってきているのが、福岡県糸島市と佐賀県唐津市にまたがる女岳の七山側で、大和ハウスというマンション業者です。「(仮称) DREAM Wind 佐賀唐津風力発電事業」の風力発電で、最大3万2000kW、8～10基建設するとしています。

一方、大きな需要地に隣接して計画の出ているのが和歌山県です。「紀の川風力発電事業」

の90メガワット（㎿）と「広川・日高川ウインドファーム」の20㎿計画の他に、和歌山県内最大のメガソーラーとして「有田太陽光発電所」の出力29・7㎿がありますが、そこへ新たなメガソーラー構想が出てきて、六十谷、園部、直川、府中地域に大規模な太陽光発電施設と風力発電とが乗り込もうとしています。

太陽光発電所では、1つは132ha出力76・6㎾の発電所を構想している東京の不動産開発会社・TKMデベロップメント。設置には大規模な森林伐採が避けられず、水害や土砂災害に対する治水への不安とともに、ソーラーパネルが並ぶことによる景観への影響を懸念する声が上がっています。

隣接して2つ目に三重県のサクシードインブェストメントが75ha弱で、出力48㎿を計画し、2社合わせて、200haを超え、120㎿あまりの発電量となります。防災対策や環境対策が簡単にはできません。

これより早くに、「青山高原ウインドファーム」が、三重県津市と伊賀市が共同出資する第三セクターで、両市に跨る高原に作られました。2000年12月に会社設立。2003年3月に青山高原風力発電所15㎿（750㎾×20基）が運転開始。2008年3月から増設計画を立て、2016年3月から新青山高原風力発電所第1期36㎿（2000㎾×18基）で運転開始、続いて2017年2月から新青山高原風力発電所第2期の44㎿（2000㎾×22基）も運転開始して、この地域では合計95㎿のこの時期としては日本一の規模の風力発電所となりました。

では、これらの多くに見られる「大型風力発電機」の大量設置で、環境が守られて、地域にメンテナンスなどの日常業務を含めて発電所工事と関連付帯工事で地元企業に仕事が生まれるのか。災害時にも遠方の地域から電力の供給を受けなくても、地域住民の暮らしを賄う電力が身近に確保できるのか。そのことが議論されなくてはいけないと思います。

最近の大規模「再エネ開発業者」の用地確保と工事着手の手法を見ていると、かつて都市部でマンション開発業者がやってきて、環境や景観を破壊することになっても、まったく気にも留めないで、「地元説明会」は数回で打ち切り、開発計画図書の開発部局への提出や、建築確認申請の建築部への提出、工事着工への強引な手口に近いものを感じます。実際に集中豪雨などに直面して、大規模な太陽光発電所や風力発電所の災害がいくつか起きています。

海外で地熱発電を行う国は25か国を超え、設備容量は世界で1100万kWに達しています。実際、「火山の国」アイスランドへ15年ほど前に調査に行きました。4枚のプレートが押し合っている日本と違って、逆に2枚のプレートが離れていくところで、シンクヴェトリルでは地球の割れ目を見ることができます。その割れ目にマグマが上昇してきて、間欠泉を見ることもできますし、温泉は豊かで、ここで高温の温泉を使ったネシャベトリル地熱発電所の中を観てきました。地熱発電の分で、この国の使用電力の2割が賄われ、温水は断熱材で巻かれたパイプラインで20kmあまり離れたレイキャビックなど都市部に送られて、家庭用の暖房に使われています。この国では水力など合わせて１００％近くが再生可能エネルギーで賄われ、余った電力で水の電気分解をして、取り出した水素を水素スタンドで燃料電池車に供給して、二酸化炭素を排出しない国を目指して取り組んでいました。

また、ドイツやオーストリアなど活火山がほとんどない国では、深度４㎞での地熱開発を行っていて、調査に入ったフライブルクの街のなかでは、ホテルや住宅の冷暖房に地熱エネルギーが使われていました。日本では原発に執心しているメーカーが、海外では太陽光、風力、地熱による再エネ発電事業に参入しようとしています。

再エネの活用はどう進めるか

再生可能エネルギーの特徴は、それぞれの地域の特性に合わせた再エネ資源がどこにでもあることだと思います。

都市のなかで暮らしていますと、大型の風力や太陽光発電施設などを導入しようということは考えられません。しかし、よく見れば民家の屋根もマンションの屋上や外壁も、すべて太陽光発電所に見えてきます。マンションのビル風を使った小型縦軸の風力発電なら風況の良い場所とビルの最適の場所を選んで、地上から屋上まで小型発電機を１列に並べて取り付けることもできます。もちろん、ビルのメンテナンスの妨げにならない場所と設置方法の工夫はいります。

都市生活を支えている上下水道の施設も清掃工場も貴重なエネルギー源となり、農業分野や都市公園の堆肥を生み出します。

田園地域へ行きますと、南ドイツで見た光景が思い浮かんできます。農業をやりながら、野菜の商品にならないくず、家畜の飼料糟や糞尿などを発酵タンクに入れてメタンガスを作り、メタンガス・タービン発電と排熱利用です。最近、国内の近郊農地でも、田畑の上に適度の間隔を開けて太陽光パネルを使った「ソーラー・シェアリング」で、椎茸やサラダ用の葉物野菜の栽培と発電を組み合わせて行っているところもあります。

山間部へ行くと、間伐材や製材所の切れ端、木くずを木質ペレットにして、ペレット火力発電所（カーボンフリーで炭酸ガスを増やしません）や、ペレット燃料を使った冷暖房施設や浴場のボイラーなど豊かな利用の道は、岡山県真庭市、高知県梼原町はじめ全国各地で広がってきています。

谷筋に合わせて小水力発電所を上流から下流まで幾段にも設置して活用するなどを、登山者向けの山小屋で見てきたことがありますが、川幅、水量、水頭差など実際の地理的条件に合わせて小水力発電所を設置することが大事だと思います。これは日本の水の豊かな条件にあった合理的な活用です。国内各地で、らせん型水車（アルキメデス・タイプ）や、クロスフロー水車、チューブラ水車など様々なタイプの発電方式がありますが、現地の地理的条件に合わせてどのタイプの方式を選ぶのが最も合理的かを議論して選択されるのが大事なことだと思います。風力発電は大型であれば、地元自治体を含めて出資者を募り、建設と運営にあたることになりますが、巨大な風力発電機の場合は大企業と張り合うのは賢明でないですから、地域の風況やその他の地理的条件を考えて臨むことになります。南ドイツでは農家が農民仲間で協力して一定の間隔をあけながら風力発電機を設置していました。シェーナウの市民共同電力事業の近接地で、再生可能エネルギーによる電力を市民の共同で実現し、送電も売電も行っています。

3 再エネの豊かな可能性

再エネの爆発的なポテンシャル

国内のエネルギー需要を賄う再生可能エネルギーの物理的限界潜在量がどれだけあるかを、まず考えなければならないと思います。これについては、再生可能エネルギーによる総発電電力量は、経産省が2000年代半ばに私に寄せてきたデータによると、物理的限界潜在量は約12兆キロワットアワー（kW時）となります。

環境省のデータに基づいて試算しているものでは、報告者によって異なりますが、2010

年までのデータによった古い試算で「賦存量（＝物理的可能量）」として1兆4000億kW時や、もう少し新しいデータによる3兆5000億kW時としているものがあります。

また、経産省関係では、日本の再生可能エネルギーの潜在量は、地熱で1419万kW時（2019年予定）、発電量では年間1243億440万kW時、中小水力発電は、594万kW時（2020年までの追加導入）で520億3440万kW時、総可能容量としては1447億3218万kW時となります。風力は合計18億5000万kW時の風力発電所の年間発電量は、3兆3000億kW時。太陽光発電は、日本の潜在量は6兆9939億8400万kW時で、これらを合わせて10兆563億kW時とするものや、もう少し枠を広げた試算で、再生可能エネルギーによる発電電力量（導入見込み量）を、14兆6058億1080万kW時としているものもあります。

これらは、国内の発電電力量の合計9000億から1兆kW時と比べても、十分なポテンシャルがあり、その中の2010年水準の原発の発電電力量（約3000億kW時）と比べても極めて大きい可能性を示しています。

原発推進の国費を再エネ開発に回す

政府系研究機関の一つである日本エネルギー経済研究所の講演会記録『電源別発電コスト評

価の概要と主要な論点』など経産省、環境省と政府の「コスト等検証委員会」の資料を見ると、原発停止による代替の火力発電に、原油価格に連動する天然ガス価格の値決めの仕組みから発電コストが上昇していることが記されています（アメリカはLNGのパイプラインの集積する所での市場価格・ヘンリーハブで安いものになっている）。政府はそれを「国富の流出」と言って、原発再稼働の理由づけに利用してきました。

しかし、「国富の流出」論を持ち出すなら、これまでの原発研究開発費と電力会社などの原発と関連施設などに投じてきた、この莫大な国家予算を、「国富を流出」させない太陽エネルギーの様々な形である太陽光発電、風力、水力、バイオマスなど再生可能エネルギーの研究開発とその活用の爆発的普及にこそ振り向けるべきでありました。

原発は産業政策として誤り

日本が、原発再稼働と輸出に浮かれている間に、諸外国では原発依存から抜け出して、再生可能エネルギーの設備に投資して、建設コスト・施設設置コストを日本の半値にまで引き下げてきました。このままでは、再生可能エネルギーの進捗でも再生可能エネルギー関連産業の発展でも日本は大きな遅れを生み出してしまいます。

そのうえ、海外で原発輸出戦略の破綻が明らかになってきて、日本の原発メーカー3社の経営が行き詰まっています。国民の税金による政府の名を冠した間接融資・債務保証や貿易保険などを使った原発輸出を続ければ、国家財政の危機を深め、国内の産業・雇用を落ち込ませてしまいます。

エネルギー基本計画を策定する場合には、「原発を基幹電源」とする発想を改めて、基幹となる重要電源は再生可能エネルギーによることと改める必要があります。これまでの政府や与党政治家がよく口にしていた、エネルギーの「ベストミックス」という言葉は、その中身を入れ替えて、再生可能エネルギーのなかで、「太陽光」「風力」「小水力」「木質バイオマス」「畜産バイオマス」などのバランスのとれた発展を考えることを、「ベストミックス」と呼ぶようにするべきでしょう。この言葉を、「原発」と「再生可能エネルギー」や「火力」の「電源比率」の検討に使うべきではありません。

4 再エネで持続する地域経済・社会をどう築くか

経産省や政府系研究機関の発表によると、「総合資源エネルギー調査会・原子力部会」（1999年）は原子力：5・9円／kW時、「総合資源エネルギー調査会・コスト等検討小委員会」（2004年）は原子力：5・3円／kW時、「隠れたコスト」を含め総合的に評価を行った「コスト等検証委員会」

（２０１１年）は原子力：10・1円～／kW時、「総合資源エネルギー調査会・発電コスト検証ワーキンググループ」（２０１５年）は原子力：８・９円～／kW時と試算値を示してきました。

これを福島事故後の「コスト等検証委員会」（２０１１年）や「総合資源エネルギー調査会・発電コスト検証ワーキンググループ」（２０１５年）で他の電源の発電コストと比べてみますと、それぞれ円／kW時で表して、一般水力は、11・０、10・６、石油火力は30・６～43・4、22・1、ＬＮＧ火力：13・7、10・7、石炭火力：12・３、９・５などとなっています。

政府の発表では、これまで原発は５・３円／kW時で最もコストが安いとしてきましたが、福島事故後に検討し直すと、他の電力と大きくは外れていないことが分かってきました。

経産省が２０１１年に私に届けてきた資料などを基に計算すると、日本が原発1号機の建設に取り組んで以来の「既存原発の建設費、核燃料費、維持管理コスト、バックエンド費用、国家からの資金投入などの合計コスト（Ａ）（現在価値にして）」は65兆８４００億円、「再稼働の為の安全対策コスト（Ｂ）（２０１６年夏見込み）」は2兆７０００億円とされ、発表された「福島第一原発事故処理費用合計（Ｃ）」は21兆５０００億円、そして政府発表の「全原発廃炉コスト（Ｄ）」は7兆円です。この（Ａ）（Ｂ）（Ｃ）（Ｄ）の合計金額は 97兆４００億円となっています。福島原発事故から、廃炉や再稼働について安全対策費用が急増し、被害者などへの補償金・賠償金なども膨らんで、この97兆円ではおさまらなくなっています。

一方、1号機の発電から２０１１年3月11日までに、日本の原発が起こした総発電電力量

(W)は7兆1195億kW時であり、原発の発電コストは、97兆400億円の総額をこれまでに起こした総発電力量(W)7兆1195億kW時で除すると13・63円/kW時となります。

事故処理コストや被害者への補償、そして「再稼働」しようとすれば追加的「安全対策コスト」や避難住民の避難道路整備や避難設備、避難用交通手段の確保などの分子にくる総額が増額(97兆円よりはるかに高いものに)となりますが、再稼働で分母にくる総発電電力量は若干増えることになります。しかし、分子が大きいので、この発電コストは「最低見積額」となります。

再エネの送電設備はほぼ完成

新規敷設で若干の投資が必要ということを否定はしませんが、送電設備は原発時代にほぼ完成していて、再生可能エネルギーの爆発的普及を進めるうえで、現在、原発からの送電のために建設された送電網は、原発停止中や廃炉となれば完全に「休眠中の送電線」となります。

これを不良な「資産」にしないで再生可能エネルギーによる送電に100%活用することは合理的であり、新規の送電線建設に莫大なコストが嵩むという主張は不正確です。また、原発再稼働の時の送電に使うために「空き容量」としておきながら、再生可能エネルギー発電の送電については「供給可能容量」を超えているから「送電できない」とか、「買取できない」とか「接続が技術的に困難」などという電力会社の「接続拒否」の理由づけは、10%台前半の使用率を見ただけでも嘘が分かります。ほとんど「空き容量」になっています。

環境破壊して巨利を狙う再エネビジネス

何よりも問題は、「再生可能エネルギー」でエネルギーと二酸化炭素問題の解決を図るのが狙いでなく、再エネビジネスで巨利を挙げる方が目的になっている業者の暗躍です。大型太陽光発電所や大型風力発電所計画が陸上、海上、池を含めて数万kW規模で、各地で問題になってきています。

放射能汚染も二酸化炭素排出もない産業政策へ

国が「原発からの撤退」と「再生可能エネルギー100%へ推進」という明確な政策方針を示せば、地域の中小企業を含めて新しい産業の展開と、雇用、所得、消費、地方税財政の持続可能な発展へと繋がっていきます。「エネルギー基本計画」はエネルギーだけでなく地域経済に深く関わるものとして記述するべきものです。

再生可能エネルギーは立地地域の地理的条件にかかわりが深くて、例えば小水力発電をとってみても、設置場所の川幅、水量、水頭差は全部違いますから、大企業の大量生産には向いていなくて、単品の仕様に合わせて生産する中小町工場向けの産業です。設置工事も設置場所の地理に詳しくて工事車両の進入道路から地元の利害関係者の事情まで通じている地域の業者が最適です。日頃、台風時などに、重機を持っていって災害救助や復旧工事にあたっているから、その地域の実情に詳しいわけです。

木質ペレットによる発電所の場合、間伐材の集積所までの運送を考えても、荒れてしまった林道の整備から始まりますが、これをやれるのは町の山林や道路、河川などの実情に詳しい地元の土木建設業者に向いていて、林業者とタイアップすることで地域産業が進みます。

都市部の家屋に太陽光発電パネルを設置する工事でも、屋根の葺き替えや「この際」というわけで、風呂やトイレの介護リフォームなどを進めることにして、かつて地方自治体で「リフォーム助成制度」を設けて、地元の中小工務店に発注する場合には、設置者に一定の助成金が出る仕組みがありました。太陽光の工事で「葺き替え」「リフォーム」などで支援すれば、市民と地元中小企業に仕事、雇用、所得、消費の経済循環が生まれて地域社会の発展に役立つものとなります。

戦後日本のエネルギー・産業政策の偏り

敗戦後の日本で、食料問題が深刻でしたが、復興が進むなかで「石炭」「電力」「鉄道」など産業の基盤をなすものに力を入れて進みだすと、軽工業から重工業へ重点が移っていきました。1950年の朝鮮戦争で鉄鋼、金属機械産業が息を吹き返し、他国の国民の不幸で日本経済が立ち直る契機となりました。

地域によって企業の集中による資本や、労働、技術、流通などの諸資源の地域的な偏在を引き起こして、過度の集中により集積の利益が薄くなり、密集の弊害を生じる大都市部と、所得の低い地域や過疎の問題が少しずつ生まれだしてきました。

この経済と社会の偏りを正すとして、全国総合開発計画（全総）、「低開発地域工業開発促進法」「新産業都市建設促進法」「工業整備特別地域整備促進法」などが次々と策定され、主要地域に石油化学コンビナートが作られたり、条件の良い農村部に、土地代が安く、低賃金労働力の見込める所を選んで工業地域の設置が試みられたりして、時には大都市圏での過密を抑えて地方への産業立地を促すため、工場等制限法（首都圏1959年、近畿圏1964年）が制定されたりしました。

しかし大きな流れとして、東京一極集中と主要都市への集中が進み、過疎地に原発など核燃料関連施設を押しやり、大都市部はエネルギーの多消費地となりました。

大企業の身勝手な企業活動

「高度経済成長」の時期に、日本の大企業が低賃金、下請け単価叩きで製品価格を引き下げて対米輸出を急増させたことから日米貿易摩擦が起こりました。この時、1985年9月にニューヨークのプラザホテルで開かれた主要5か国の蔵相・中央銀行総裁の会議で「プラザ合意」が交わされ、戦後1ドル360円から始まっていた為替レートが100円台になる超円高が生み出されました。円高でも輸出できる商品価格へ値下げするためにさらなる賃下げと下請け単価叩きが繰り返されました。それも無理になって、海外へ「最適地調達、最適地生産、最適地販売」として大企業が力のある下請けを連れて海外移転を図り、国内の生産構造が歪められました。

この結果、国内では産業空洞化が進み、今ではコロナ感染が問題になった時に、「マスク」という長年当たり前のように思っていたものまでが、日本国内では生産できなくて、2020年春には小売店の店頭から消えてしまうという異常事態が発生しました。

エネルギーで言うと、危険な原発は過疎地へ押し付け、消費は大都市でという構造になりましたが、危機に直面すると、対応が難しくなる社会構造の歪みが明らかになりました。先に紹介しました北海道胆振東部地震による全道ブラックアウトという異常事態では、再生可能エネルギーによる自給率100％の都市も含めて停電し、住民の暮らしの危機につながりました。

資本の力で、特定地域に企業が集まると企業間の利便性は向上し、働く人が集まりますから、消費者向けの店舗や飲食店が集まり、見かけ上は「合理的」に回っていくように見えます。しかし、その町が巨大化すると、住まいは遠距離の地へ追いやられるか、中心市街地に近いところの高額マンションか高い家賃の部屋を選ばなくてはならないようになります。

巨大地震に見舞われると、遠方に家を求めた人は職場から帰れなくなったり、中心部では人口過密のために混乱が起こり、電力、通信、ガス、水道などのインフラが断たれると、生きていくことが難しい状況に追い込まれます。そこへ新型コロナウイルスの急激な感染が広がったら、対処することが極めて困難になります。

「集積」を緩和する試みもあったが

最初の「全総」を考えた時のようにはいきません。資本の力で誘導して、資本の勝手な活動は全て自由、基本的に一切規制は加えない、この新自由主義で特定個人や集団が富を一手に集中しても構わない、それを称賛するという社会になってきました。

この社会の弱点は、一極集中（大都市集中も含めて）によって、リスクも集中したことだと思います。国土政策として「集中」を進めた結果、コロナ感染者と死亡者の多いのは東京、大阪など「三密」都市です。ここからウイルスを持ち帰った人により周辺部にも感染が広がりますが、基本的な問題は「集中」です。コロナウイルスの空間密度を高めた都市とその中の密度の高い場所です。

大規模な原発の集中立地したところで3・11のような事故に直面すると、広範囲にブラックアウト、あるいは「計画停電」となり、産業基盤もそうですが、人の生活基盤が奪われます。なぜ、巨大化した電力会社にエネルギーの全てを委ねてしまったのかが問題です。

「均衡ある発展」目指すも「過密」「公害」激化へ

「均衡ある発展」が掲げられての「全総」でしたが、実際には企業の過度の集中でごく一部の大都市の「発展」と、テレビに登場する「ポツンと一軒家」が各地に見られるようになりました。経済活動は工場だけではありませんから、金融、流通、事務所機能などが「集積」のメリットを求めて大都市へ集中すると、過密・過疎、公害などの弊害が顕著になってきました。

太平洋ベルト地帯「以外」への工業分散を目指した時もありましたが、全国で「工場地帯」の進出がいくつかあっても、当初の重化学工業から石油ショックを経て、自動車産業などの進出と海外移転を経験し40年経った今、太平洋ベルト地帯のなかでも関西圏と北部九州の地盤沈下が見られ、首都圏への一極集中（東京一極集中）がさらに進んでしまいました。

「東の大田区、西の東大阪」と言われていた大阪で、一つひとつの中小企業のものづくりの力とそれらが集まって高い技術の製品を生み出す「集積の力」がなぜ弱くなったのでしょうか。一つの高い技術力を持っていた町工場が経営破綻すると、集積の力から大事な一翼が失われます。「低コスト」「海外進出」だけ考えてきた大企業の下請け中小企業切り捨て、「技術」を磨いてきた「派遣労働者」切り捨てなどが、経済でも大阪を沈下させたのです。

第11章　再エネで持続可能な地域経済へ

日本国内には豊かな「再生可能エネルギー」が存在していることを各地で観てきました。

豪雪のなかで見た稚内の宗谷岬の氷点下10℃で働いている風力発電機や太陽光発電設備、深い雪のなかで強烈な暴風を実感した青森県の竜飛岬、地域の人々の取り組む長野県大町市や奈良県東吉野村などでの中小規模の小水力発電所、岡山県真庭市の木質ペレット発電所や高知県梼原町の木質ペレット工場とそれを燃料にした冷暖房装置、岩手県葛巻町で後にドイツでも見てきた畜産バイオマス発電、鹿児島県の霧島温泉のホテルや大分県九重町で見た地熱発電。書き切れないほど、すでに地域に合った再生可能エネルギーによるエネルギーの自給や、大手電力会社のエネルギーと地域経済支配から抜け出して自立を試みているところを回りました。

実例を見ていくと、再生可能エネルギーで国内のエネルギー需要を賄えるという展望が見えてきます。ものづくりもそれに要する電力も、「大量生産」方式でないと「効率」が悪いとか、「儲からない」とか、原発なしでは「電力需要を満たすのは無理」だとする「決め付け」の発想からの転換が必要です。

1 地域経済の発展につながる再エネ

地域には、その地域にふさわしい再生可能エネルギーがあり、他所から「これだ」と決めつけて持ち込むのでなく、地域の自然の持つ力に通じている地域住民の声こそ大事な答えを出してもらえると思います。SDGs（持続可能な開発）が唱えられていますが、エネルギーと地域産業・経済が結びついてこそ持続可能な発展の道があります。地域に詳しい住民が主役になって、その住民の声が生きてこそ持続可能な発展の展望が開けます。

今、原発に代わるエネルギーとして再生可能エネルギーを考えようという世論が広がっていますが、エネルギー産業界も、地方の遊休農地などに目を付けて、土地を大規模に囲い込んで、山林を削り、防災対策は考えないで、地域の住環境や景観保全も無視して巨大発電施設地域を作ろうとしています。これが各地で問題を起こしています。東京など大都市部から進出を狙ってきている業者は、再生可能エネルギーという美名に隠れて、巨額の投資で大きなリターンを狙ってきているだけです。

これは再生可能エネルギーについては邪道です。海洋風力などを考える時には、資本力や技術力が問題になり得るかもしれませんが、全国の各地で考える時には、「再生可能エネルギーは地域の地理的条件などに合わせて決める」ということを理解するべきです。

その時、「地理的条件」がどういうものか、何十年前には「集中豪雨で山が崩れた」とか、「この水路は新しくできたもの」「昔の水路はあちらにあった」とか、谷間の集落だがここの「日射量は意外と多い」とか、ここが「風の道」で時には「竜巻被害が出る」、ここの林道を整備するには「こちらの工事から」など、地域の実情に詳しいのはそこに長年住んできた住民です。

その地域には林業と結びついた木質ペレット発電やそれにかかわる鉄工所が必要なのか、風力発電と工事用の林道の整備など土木建設業とメンテナンスを引き受ける会社が良いのか、太陽光発電と農業を同時に進めるソーラーシェアリングに適しているのか、放牧を行いながら搾乳など行う家畜小屋の糞尿を活かした畜産バイオマスが良いのか、地熱を活かした地熱発電と温水の利用で温室栽培が向いているのか、谷間の流れ、沢筋の流れを活用して、上流から何段にも小水力発電を組み立てて、鳥獣対策の電気柵の電源を得るなど、その地域には何が適しているのか、その答えはその地域の人が一番詳しいと思います。

善意であっても、外部から乗り込んで、「ここに風力が良い」とか、「太陽光パネルを敷きつめれば良い」とか、思い込みで決めつけて（半ば押し付け気味に）提案するのは考え物だと思います。

やはり、その地域に詳しいのは地域住民です。その地域の農林漁業の発展に結びつく「再生可能エネルギー」を選んで、その事業が地域の中小企業に仕事が回るものになれば、仕事が生まれ、雇用が生まれ、所得が生まれ、消費が進むようになり、地域経済が回っていくようになります。地域経済がうまく動いてこそ、持続可能な地域社会が発展します。

地域の住民と自治体が積極的に取り組むと、ドイツのシェーナウのように、市民や自治体が電力会社のエネルギー・経済支配から抜け出して独自の取り組みができるようになります。

私は２０１８年12月に、環境問題に関心の深い人たちと一緒に福岡県みやま市へ、「自治体ＰＰＳ（新電力）」として事業参入する取り組みと、その事業を発展させて、家庭の電力メーターと連動して老人健康福祉事業をはじめとする市民の暮らしの利便を高める試みに取り組んでいるのを視に行きました。この街では、1万４０００戸のうち１０００戸の民家の屋根に太陽光発電設備が設けられていて、晴天の日の日中の電力は１００％自給自足できています。

２０１９年10月には、原発やエネルギーについて議論を深めている皆さんと一緒に大分県豊後大野市へ再生可能エネルギーの調査に行きました。阿蘇山の大噴火の時の火砕流が長年の雨水による侵蝕を受けてできた滝と柱状節理、甌穴《おうけつ》などの素晴らしい地底のドラマを見るとともに、１００年余り前の水力発電所跡を見てきました。京都市の蹴上発電所が最初の京都市電に電力を供給したのと同じで、豊後大野市の「沈堕《ちんだ》の滝」の所に１９０９年に沈堕発電所が作られ、この発電所から大分市と別府市を結んでいた当時の市街電車に電力を送っていました。

日本の持っている約12兆kW時を超える再生可能エネルギーの「物理的限界潜在量」を現実のエネルギーに転化していくと、「電力不足をどのように賄うのか」とか、「日本の場合は元々エネルギー資源小国だから自然エネルギーで賄うのは無理」と嘆かないでも、解決していく展望が見えてきます。

これまで原発の研究開発に投じてきた財政の一部でも「再生可能エネルギー研究開発費」として回せば、早い時期に回答が出てくるでしょう。そして、再生可能エネルギーに関わる新しい産業と地域経済の発展が、東京一極集中から釣り合いのとれた国土の再生へと道筋を示してくれるでしょう。そしてこうした「リスク分散」は地震、津波、カルデラ噴火、異常気象などに耐えていける国民生活を切り開くことになると同時に、新型コロナ感染拡大を抑止するための課題となっている「三密化」を防ぐためにも、重要になっていると思います。

2 リスク分散した持続発展の道をどこに求めるか

考えてみれば、日本の長い歴史のなかでも、人々は自然のなかで自然のエネルギーを工夫して活用し、発展させてきました。石炭・石油などの地下資源の活用と、原子力の開発などその時代の水準での知恵を出して、その時代の成果を挙げてきました。

では、コロナ禍の今の時代にどのように答えを見出すのか。それは再生可能エネルギーであり、住民がその地域の主人公になってこそ取り組みはうまくいくと思います。外部から資本力と過剰な事業意欲を持った人が入ってきて、「再エネ」に名を借りて事業のリターンを期待している団体では困ります。地域に根差した再生可能エネルギーは、地域住民の選択で進めるべきものです。その地域の主人公は住民だという民主主義が徹底されるべきです。

憲法が活かされてこそ

憲法第8章の「地方自治」に示されていることとは、「地方自治の本旨」に基づいて地方自治体が仕事することになっています。住民の意思、選挙で選ばれる首長、議員と条例に基づいて執行されるということは、「住民自治」が基本にあるということであり、住民自治を担保する「団体自治」としての地方自治ということを意味しています。地域に根差した再生可能エネルギーは、地域住民の選択で進めるべきものです。「住民主権」という立場で考えるべきと思います。

未来を展望して ― 原発とも廃棄物とも向き合って

自分が生きている時代の原子力を扱う理論や技術水準で、永い将来にわたって「原子力は活用できない」とか、「原子力の利用の道は将来あり得る」とか決めつけないで、今の技術水準では「原発は止める」、「使用済み核燃料の再処理は中止する」、「高レベル放射性廃棄物の深地層への地下埋設はやめる」ことなどを考えるべきです。

オーストリアのツヴェンテンドルフ原発へ行った時、ここは住民投票の結果を得て「竣工即廃炉」としていました。日本でもすでに完成した原発はそのまま廃炉、稼動してきた原子炉は停止して、当面安全が保たれる形態で管理し続けながら、どのように停止後の処理をするのかを研究開発していくべきと思います。

放射性廃棄物については、何世代にもわたって監視・管理しながら、「地上保管」も、「地下埋設」の方法もあるのかもしれませんが、いろいろな可能性を検討して、地域住民の合意が得られる方法が見つかるまで、急がないで検討を続けることがいいと思います。

地球の誕生から46億年、宇宙の歴史を考えればもっと長い時間になりますが、放射線と人類や生命体との関りはうんと長いものですから、線量の高い危険なものは監視できるところで隔離して管理し、急がずにゆっくり考えることが大事だと思います。

あとがき

「あとがき」の末尾に3つの動画を紹介しました（2020年10月と12月撮影）。その内容は次のようなものです。福島事故から10年経って、原発の中はどうなっているのか、元原子力規制庁長官の案内で、各号機の事故炉内部を撮影してくれています。短い時間内でないと被曝線量が高くて危険ということがよく分かります。アラームがけたたましく鳴り響くので臨場感があります。福島原発事故10年を検証していくうえで、この動画は出発点になると思いました。

2020年から、新型コロナウイルスの感染急拡大と対策の酷い遅れにマスコミなどの焦点が向かっている間に、再稼働、再処理工場稼働、中間貯蔵施設、高レベル放射性廃棄物処分場予定地選定につながる「調査地」の「立候補」、さらにALPSで基準値未満の処理水にできていない汚染水状態のものも海洋投棄しようとするなど、政府と原発利益共同体の動きが目立ってきました。さらに、除染がまだできていないところへの住民の帰還も進めています。

その一方で、地球温暖化の進行によって、記録的な台風、例を見ない豪雨・豪雪や熱波による環境の異常な変化を危ぶむ国民の世論に押されて、政府は、２０５０年には「二酸化炭素排出量を抑えて」「カーボンフリーにする」とようやく言い出してきました。ところが、「そのために原発推進」がうたわれています。

「地球温暖化対策」が「原発推進」に、「再生可能エネルギーの推進」が「災害や環境破壊をもたらす巨大な再エネビジネス」で「利権中心」になりかねない動きも強まっていることが懸念されます。また再生可能エネルギーによる電力も、巨大電力会社のエネルギー支配の構造に組み込まれたままでは、エネルギーと環境問題の解決は「道遠し」です。

地域に合った再生可能エネルギーはどういうものかを知ることから始まって、地域の産業と結びついて、地域経済を持続可能な道へと進めていく地域住民の議論が沸騰して、住民が主人公になる地域社会が全国各地に生まれていくことを願っています。そのことが、一極集中の歪んだ日本の国土の歪み、「三密状態」を酷くして、新型コロナウイルスの感染など、これからも現れてくるウイルスなどの侵入に耐えることが難しい状態から、釣り合いのとれた日本へ転換していく道筋になると思います。

本書は原発・エネルギー・地域経済に議論を深めていただいた方たち、電力・エネルギーのプロの皆さんなどと議論し合ったこと、現地へ調査に行ったことなど、多くのみなさんの知恵が集まったものです。あけび書房の岡林信一氏の根気強い働きかけのおかげで陽の目を見ることになりました。黙って見守ってくれていた連れ合いの早苗を含めて、皆さんに心から感謝いたします。

２０２１年１月

吉井 英勝

参考資料―YouTube 動画で調査を見ることができます。アドレスは以下のとおり。
福島第一原発1号機調査（２０２０年10月９日）https://youtu.be/7KX-mmwh93c
福島第一原発2号機調査（２０２０年10月８日）https://youtu.be/n2krVI7-MUs
福島第一原発3号機調査（２０２０年12月26日）https://www.youtube.com/watch?v=Xf7miUAgTiI
https://www.youtube.com/watch?v=mrWa8wFR-Pk

吉井　英勝（よしい　ひでかつ）

1942年京都市生まれ。京都大学工学部原子核工学科を卒業後、1967年より真空技術会社勤務。会社から派遣されて東京大学原子核研究所、東京工業大学理学部応用物理学科で真空技術、金属薄膜や絶縁体薄膜の研究に従事する。

堺市議3期、大阪府議1期を経て、1988年の参議院補欠選挙（大阪選挙区）で当選、1990年から2012年まで衆議院議員を7期務める。

国会議員引退後、原発・エネルギー・地域経済研究会（略称：吉井研究会）を立ち上げている。

3・11から10年とコロナ禍の今、
ポスト原発を読む

2021年2月20日　第1刷発行

著　者―吉井　英勝
発行者―岡林　信一
発行所―あけび書房株式会社
102-0073　東京都千代田区九段北1-9-5
☎ 03. 3234. 2571　Fax 03. 3234. 2609
info@akebishobo.com　http://www.akebi.co.jp

印刷・製本／モリモト印刷

ISBN978-4-87154-186-2 C3036